U0002362

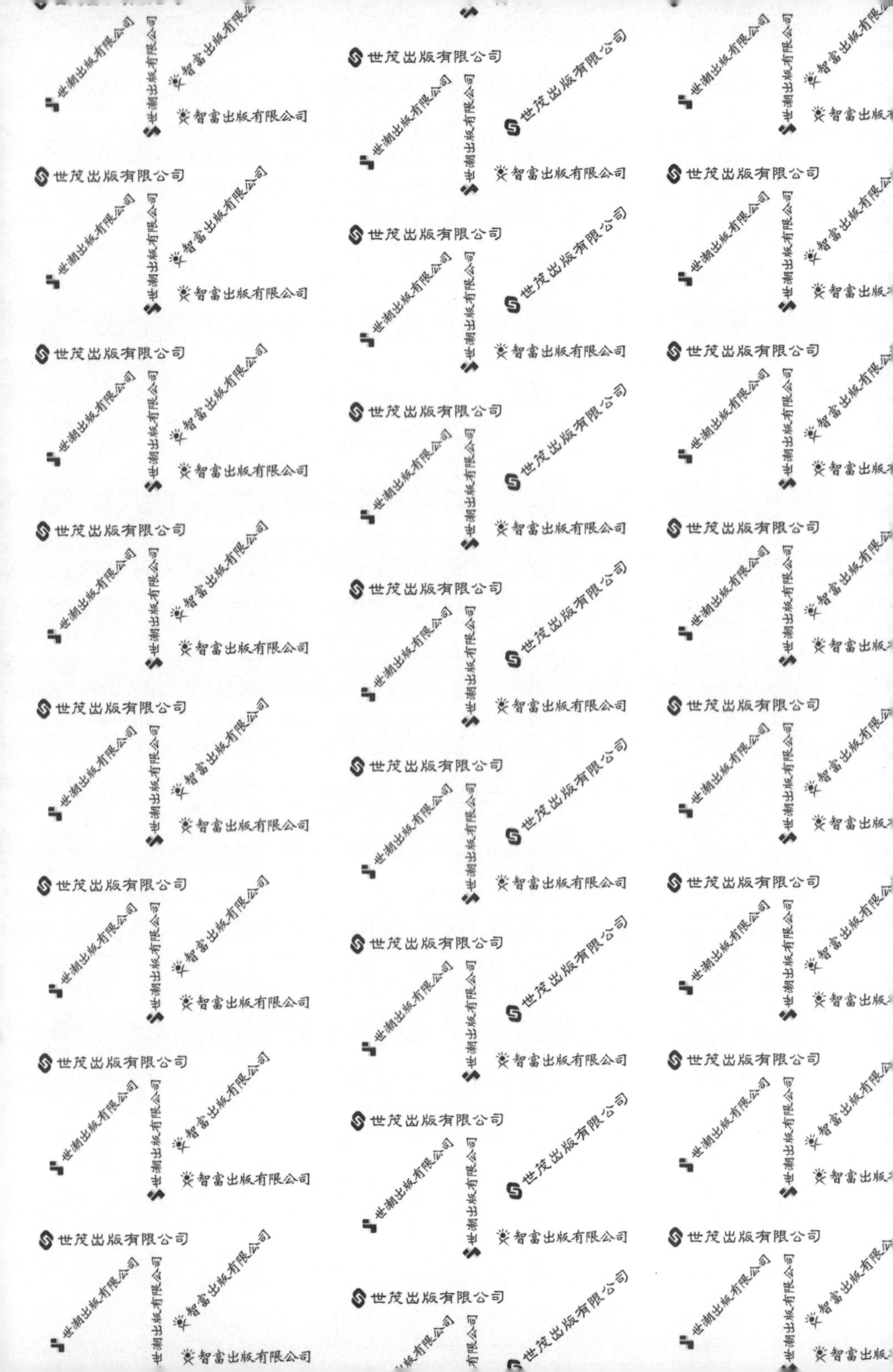

世茂出版有限公司
世潮出版有限公司
智富出版有限公司

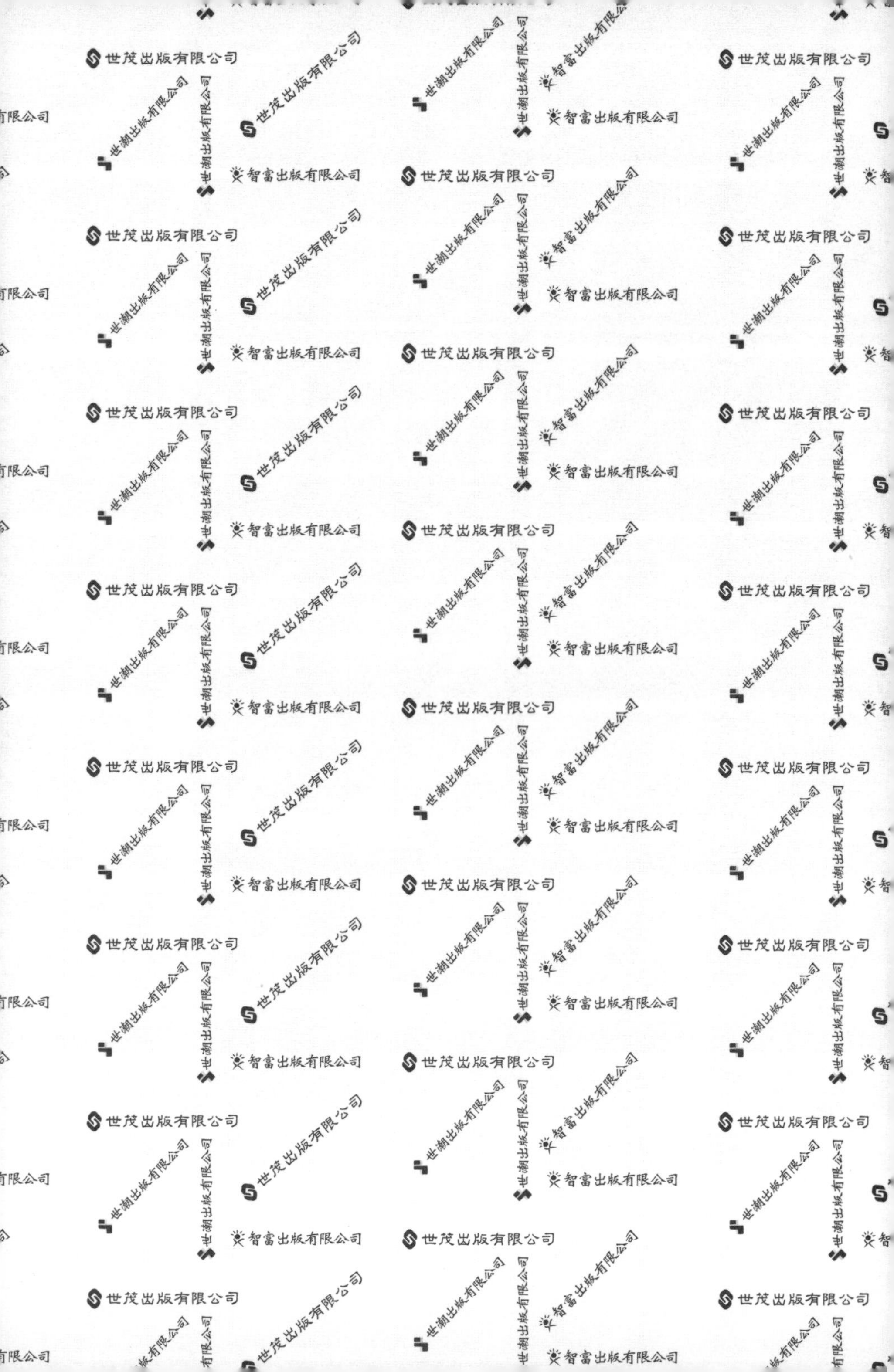

「自分の心」をしっかり守る方法：
「くやしさ」「悩み」「モヤモヤ」が消えていく

別再假裝當好人很快樂

摘除情緒面具，接納脆弱的自己

日本社會學家／心理學大師
加藤諦三｜著

楊毓瑩｜譯

前言——怎樣才能趕走「不甘心的感覺」

年輕時，我總是很擔心自己被大家討厭，所以會一直向別人強調自己有多受歡迎。那些喜歡刻意強調自己很受歡迎的人，內心深處也很害怕自己被眾人厭惡吧，所以才拚命向別人強調自己的人緣有多好。

沒人對他有意見，也沒人拐著彎諷刺他，但有些人就是會生氣地想：「反正你就是針對我」「反正你就是看我不順眼」。

例如，一個人因自覺長得不夠美或離過婚而感到「自卑」時，當別人聊到相關話題，他就會解釋為別人在嘲諷自己。

而且我經常遇到一種人，若別人沒有接電話或忘了回電，他就會認定對方在躲自己；打電話邀別人吃飯時，若對方因當天剛好有事而拒絕，他也會覺得對方不喜歡自己，刻意與自己保持距離。但其實根本沒有人在躲他。

若站在第三者的角度省思我們日常的煩惱，就會訝異於自己「怎麼會在毫無根據的情況下產生這種想法」。

你是否曾經因為朋友態度稍微冷淡，就覺得他存心排擠你而感到焦慮不安？

明明和自己無關，卻覺得和自己有關，每個人在日常生活中或許都曾出現這種覺得別人都在針對自己的感覺。

在我主持的電台節目《電話人生諮詢廣播》中，當我聽到人們的各種煩惱，我都奉勸對方：「不要覺得別人的一舉一動都在針對自己，只要停止揣測，就可以從眾多煩惱中解脫。」

有些人在小時候的成長階段經常被否定人格。例如，自己的父母因為具有強烈精神官能症（Neurosis），內心藏著憎恨，且時常以「管束」為藉口不斷否定、侮辱自己。父母藉由「管束」小孩來合理化自己表現出內心的憎恨。

其實，父母真正的用意並非在管束孩子。他們的管束通常隱含著「你很差勁」的訊息。因此，小孩成年後，只要一被人糾正，甚至是好意提醒他，他都會覺得自己被否定了。

自小帶著基本焦慮（basic anxiety）的人，對撒嬌的需求相當高。因為他們在成長階段總是配合父母的需求，沒有滿足自己的撒嬌需求。而且長大後容易感到不滿，老是為了一點小事情煩躁、一秒翻臉發怒，或者立刻陷入沮喪。這樣的憤怒不只是憤怒，也是對對方有要求的表現。

若你患有精神官能症，就不要否認。認知到「我有精神官能症」是很棒的一件事。要能從「我有精神官能症又怎樣」的想法出發。

放棄人生的人，是只在意結果的人。

不要只看當下的結果，想一想自己努力活過來的過程，就會發現自己很厲害。挺過痛苦的自己，真的非常棒。

接納自己——接受自己的敏感性格、接受不幸、擁抱命運，這就是「開悟」。

理解自己——了解「原來是這樣」，並理解「自己為何會被不愉快情緒所綁架」。

開悟是美國心理學家羅洛·梅（Rollo May）所說的「意識領域的擴大」。是在認識自己的過程中發現新價值。因此，開悟是活躍的精神活動。

我們無法否定成長環境對一個人的重要性。

然而，小時候的環境不能決定一個人的一生。

若我們承認「小時候的環境決定了一個人的一生」，那就會有很多人再怎麼努力，一輩子都無法得到幸福。

認知到環境的重要性，目的不在於告訴我們環境可以決定自己的人生。

而是更「認識自己」「發現自己」，並且「承擔自己的命運」。

因自卑感而努力實現「理想自我」，是反抗命運的行為。

上進心是指在自己能力範圍內努力。勉強自己做無法做到的事，不叫做上進心，而是自卑感。

反抗命運是沒有勝算的。到人生最後一刻都還很不幸的人，是一直抵抗命運的人。

有個人回想自己的成長過程如下：

> 年輕時，我覺得到處都沒有自己的容身之處，一心向旁人展現比「真實自我」更好的自己。不久後，我了解到這樣做讓我的心沒有時間休息。

又過了幾年，我終於懂了，之所以沒有容身之處，是因為我主觀判定「這樣的我可以得到別人的認同」。

一直以來，我把對自己的標準當作唯一的生存標準。我把自己關在我那扭曲的世界觀裡。當我重新省視周遭的世界，我才發現用自己真實的樣貌，也能在另一個世界獲得他人的認同。不接受我的，是我現在所待的這個「扭曲的世界」。

像這樣，最後能察覺到自己眼界狹小的人才能獲得幸福。

目錄

第二章 改變「心靈的風向」
——讓人際關係變好的處方箋

第三章

你可以更「做自己」

——不被「負面情緒」綁架的方法

第四章

輕盈的生活方式

——放慢腳步，就能看到美景

第五章

令人「由衷感謝」的人生

——打造「幸福」與「安穩」的自我肯定感

第一章

發現「自己的心」

——給甩不掉煩惱的人

1 認識「容易令人受傷的思維」

結束一場演講後，我在簽名板上寫了幾個字——「我有我的生存之道」，這是我在二十幾歲時出的一本書。

寫下書名的剎那，我驚覺到原來自己在二十幾歲時，是如此竭力守護自己。過去的我專注在不要讓別人留下壞印象、避免得到負面評價、不要讓自己受傷。大概是因為對自己沒有自信，所以把心思都放在這上面吧。「怎樣做才不會讓自己受傷」，是我當時的核心課題。所以，我才會在書裡告訴讀者這麼做就不會受傷。

無論是我還是我的讀者，其實內心都早已受重傷。因此，「我有我的生存之道」的生活態度非常重要，但更重要的是，自覺到自己深受傷害。

小時候，由於渴望得到自己所重視的人的認同，會犧牲掉自己的某些需求，例如，放棄滿足自己想撒嬌的欲望。有過這種心理挫折的人，內心已深受傷害。

也就是說，他們在內心形塑出「原本的自己不值得被愛」的自我形象。自己本來的樣子是不受歡迎的，對別人來說是沒有價值的。

「自己得不到愛，他卻擁有這麼多愛；自己沒有價值，他卻有價值。」他們在心裡牢牢建立起這種自我和他人形象的差異。

而在我二十幾歲時所出版的書中，我卯足全力否定這種「自己沒有價值、得不到愛」的自我形象。

然而，即使用意志力，也無法輕易從潛意識中趕走這種自我形象。

恐怕很多讀者和我一樣，拚了命與內心深處那種覺得自己沒有價值的感受搏鬥過。

我不斷寫書告訴大家該如何活下去，並且避免自己傷得更重。例如，不要和別人比較、不須理會別人對自己的看法、不要管他人的成功與失敗，你有你的人生。

與他人比較、在意別人如何看待自己，都只會讓自己傷得更重。

面對「怎樣做才不會受傷？」的問題，這樣的主張看似勇敢，但從另一角度來看，卻呈現出退縮的一面。

白費力氣把自己累慘的人

當我在演講中告訴聽眾不要拿自己與他人比較，經常有聽眾提問：「與他人比較並向他人學習，不是一件好事嗎？」是啊，他們說得沒錯。

然而，提出這個問題的人，他內心的自我形象與我不同。他感受到自己具有價值，因此，即使他拿自己與別人比較也不會受傷。甚至透過比較，他能活得更好。他完全沒有「退縮」的理由。

「不須理會別人對自己的看法」這句話也一樣。內心深處認為自己沒有價值、不受歡迎、沒有愛的人，一旦在意起別人怎麼看自己，就很容易受傷。而且為了讓別人對自己有好感，他們必須隱藏真實的自己。

在意別人對自己的看法，真的是一件很痛苦的事。

在演講時，我也常常被問到一個問題：「不管別人怎麼想，不就等於我行我素嗎？」

同理，提出這個問題的人和前面的人一樣，他們並不覺得自己被討厭。小時候，他們的父母就認同他們本來的樣子，因此不會因為別人對自己的看法與自己有落差而受傷。

對於那些在內心深處認為自己沒有價值的人來說，「我有我的生存之道」非常重要。但更重要的是，對自己產生正面想法。要達到這個目的，必須誠實面對心裡厭惡自己的感受。

若能正視這個感受，自我否定感就會消失。

害怕別人討厭自己，不過是因為自己否定自己的感受在作祟罷了。

若能對自己產生正面感受，即使別人討厭自己，也不會因此受傷。

若能對自己有正面觀感，就不會變得神經質，為了給別人留下好印象，把自己搞得精疲力盡。

什麼是真正的「貼心」和「溫柔」？

看起來愈自負、虎假虎威的人，愈容易被他人的批評所傷害。傲慢的人會在心裡輕蔑自己，所以對別人的批評相當敏感，而且非常痛恨批評自己的人。

虛榮心強的人也一樣。他們瞧不起別人，喜歡炫耀自己的財物、地位，同時又很在意別人的眼光，因此很容易對別人的批評反應過度。

一位虛榮心強、美麗的女性會很愛照鏡子，陶醉於自己的美貌。或者，她會喜歡盯著自己的寶石瞧、與社經地位高的朋友聊天。

這位女性若沒有得到旁人的恭維，就會受不了。她之所以關心別人，只是想知道別人對自己有什麼反應。也就是說，她關心的只有自己，根本不在乎別人。

納西斯（Narcissus）著迷於自己在湖中的倒影，他其實是對自己沒有自信的美少年。他並不是透過自己的眼睛去欣賞倒映在湖中的自己，而是醉心於自己映在別人眼裡的美貌。

他關心的不是內心的自己，而是他人心裡的自己。

他不在意自己是怎樣的人，而是在意自己在別人心裡的形象。正因如此，他很容易被別人的批評所傷害。

自戀者與自我評價低的人一樣，都是玻璃心。因為他們不關心自己的本質，只關心他人眼裡的自己。

害怕被別人討厭、對他人小心翼翼、自我迷戀的人，就是自戀者。就這層意義來看，《精神衛生講話》（岩波書店）作者、精神科醫師下田光造所提出的執著性格（immodithymia），某方面也可說是自戀者的性格。

他們顧慮別人，是為了博得他人對自己的好感，避免被人討厭而內心受傷。

性格執著的人，無論到哪都不關心他人，只關心自己在他人眼裡的樣子。我執在某方面而言也是自戀。

把英文 narcissism 翻譯成自戀有很大的錯誤。

陷入我執的人一旦受到批評就會受傷、發怒。而無法生氣時，他們就會被憂鬱情緒侵襲。

執著性格是憂鬱症的病前性格。

自戀者和陷入我執的人因害怕受傷而過度保護自己。然而，他們卻毫不在意別人受到傷害。總之，他們完全不會為別人著想。

另一方面，被自戀者所愛的人，會覺得壓力沉重。

被自戀父母所「愛」的孩子，永遠都在受傷。因為對自戀父母而言，唯一的現實是自己的人生，世界上唯獨自己會受傷，這世上的需求只有自己的需求。

自戀父母無法認知到孩子的需求與自己的需求不同。

這樣的父母會踐踏孩子的需求，他們只知道「我明明這麼愛你」。當父母做了孩子不喜歡的事，孩子卻無法說不、只能強顏歡笑，在生活中總是感到受挫、受傷。

自戀父母對孩子的話充耳不聞。因此，他們一邊傷害孩子，卻又一邊認為自己很愛孩子。

易卜生（**Henrik Ibsen**）的《玩偶之家》（**Et dukkehjem**）就是如此。當女主角娜拉（**Nora Helmer**）對丈夫說：

「你們都對我犯下很嚴重的罪。首先是我父親，再來是你。」

她的丈夫無法理解，且非常驚訝地說：「胡說八道……，這世界上最愛妳的就是我們兩個。」

她的丈夫絕對沒有說謊。他只是不懂——「自私且自戀式地滿足自我需求」與「愛」是兩回事。

「我父親和你都對我犯下很嚴重的罪。」娜拉說的這句話意味著，自戀者的現實已扭曲到讓他們將犯罪視為愛。

自戀者愛慘了「很棒的父母」這個自我形象。所以，他們憎恨任何會傷害這個形象的一切事物。

如何接受「脆弱的自己」？

陷入我執的人和自戀者都非常自滿。自滿的意思是迷戀「我」，也就是自己。這不正好是被自己湖中倒影所吸引並溺死的納西斯嗎？

然而，自滿的人一定是玻璃心。他們對自己美好的自我形象沒有自信，所以對批評相當敏感，很容易因為批評而受傷。

自滿的人在心理上是不安的。他們內心深處感到自卑，認為實際上的自己不同於自己建立起的美好自我形象。

自滿的人在潛意識中覺得自己比不上別人，而且他們恨透了這種感覺。於是將潛意識中的自卑感投射在他人身上。他們會輕蔑、憎恨和嘲笑，甚至嚴厲譴責不如自己的人。

當自滿的人大肆嘲笑別人，顯露的正是他們內心的矛盾。他們難以承認自覺比別人差勁。然而，在內心最深處，他們卻感到自己不如人。

這種內心的矛盾相當痛苦。想要暫時消除痛苦，就必須批評、輕蔑比自己差的人。

就像內心深知自己個性冷淡卻無法承認這一點的人，才會刻意假裝溫暖，甚至會尖銳抨擊個性冷淡的人。

無法接受自己缺點的人，時常苛待擁有相同弱點的人。

能接受自己缺點的人，才會寬容他人的缺點。

有些男性深知自己體力差卻費盡心思掩飾，就是不想承認自己體力不如人。這樣的男性無法體貼對待體力最差的同事，對其態度冷漠、大肆嘲笑，而且經常自豪於自己的體力。

在潛意識中討厭自己，在意識層面卻對自己著迷的人，不就是自滿的人嗎？

有些人在旁人眼裡看起來既高傲又自滿，這種人內心一定是厭惡自己。他們的自我誇大是自我蔑視的反向作用。

自戀者、陷入我執的人、自滿的人，他們都是玻璃心。因為他們在潛意識中憎恨自己、輕蔑自己、不信任自己。

2 為什麼我們會在意「別人的聲音」？

在意「別人怎麼想自己」的人，內心非常渴望他人的特殊待遇。在意各種事情的人，想必經歷過想撒嬌卻無法撒嬌的幼兒時期。由於撒嬌的欲望沒有獲得滿足，所以才會像妄想症患者一樣，被偏執的思緒困住。

即使你告訴神經質的人「不要在意」，他還是會在意。因為他的本質需求沒有得到滿足，所以無法靠意志力「不在意」。

明明沒有人要求他，他卻覺得別人對自己要求很高。明明沒有人期望他做什麼，他卻覺得自己備受期待。

有的人實際上自由的不得了，卻被周遭壓力壓得喘不過氣。

有幾個原因可以解釋這種感受。第一，在他小時候，家人曾經對他有諸多要求和期待。他的情感受到家人嚴密干涉、支配，總是被要求應該有特定感受。

「你不能有這種感受」「請照我所期待的方式感受」「我希望你能這樣去感受」，默默聽從這些命令的孩子長大後，會覺得周圍的人對他也有很多期待。

就算他身邊的人對他的情感層面沒有任何要求，他也會有被要求的感覺。因為他複製了小時候不愉快的經驗。

別人沒有要求他做任何事，他卻感覺自己被要求應該怎樣做，會產生這種感覺的另一個原因，就是壓抑與投射。

這種人本身對周遭的人也有各種要求和期待。

他希望別人理解自己、接受自己、認同自己。這其實就是撒嬌行為，也是想要擁有黏密關係的願望。

他心裡其實希望別人幫他做這個、做那個，但他卻壓抑自己的任性要求。為了成為出色的大人，他不容許自己表現出幼兒性的一面。

於是，他選擇忽略內心想撒嬌的欲望，用意志力把這種欲望驅除至自己的意識之外。這就是壓抑撒嬌。

並且，就像精神科醫師卡爾・榮格（Carl G. Jung）所說，被壓抑的東西會被投射出來。也就是說，他會在別人的身上看到想撒嬌的欲望。

由於心裡實際上對別人有欲望和期待，想要求別人「這樣做」，卻又不想承認，並用意志力將欲望壓抑至潛意識，因此反過來就覺得別人對自己有欲望，覺得別人也在要求自己「這樣做」。

其實，別人對他的期待並沒有他所感覺到的這麼深，但他卻感到備受期待，使自己背負沉重壓力，這無疑是作繭自縛。有了這層了解，就會發現原來在意「別人的要求」是一件這麼愚蠢的事。

很多時候，第一點所提到的複製舊經驗及第二點所提到的壓抑和投射是會重疊的。當孩子必須滿足父母的撒嬌，大多會同時出現這兩種情況。

「現在、這裡」的自由

有的人明明有充裕的時間抵達目的地，卻覺得別人在催促自己。實際上，外在環境並沒有在催他，他是被自己的內心催促著。

他內心對於「現在、這裡」的處境感到不安，並且認為只要到了目的地就會心安。然而，到了目的地卻仍靜不下心，馬上又急著做不必著急的事。

為什麼他會對「現在、這裡」的處境感到不安？因為在「現在、這裡」的處境中，沒有人監視著他，所以他會感到不安、無所適從，裹足不前之際，又急著前往下一個目的地。

沒人要他待在「現在、這裡」、沒人期待他待在「現在、這裡」，他因此感到不安。當自己是沒有被束縛的自由之人，他會感到不踏實。他無法忍受「現在、這裡」的這一刻，別人放自己自由。

人在不受拘束時，會主動去找規則綁住自己。脫離秩序會感到不安，是因為人們企圖用秩序約束自己。

這大概是墨守成規的人吧。不知變通的思維、僵化的感受、硬梆梆的理解方式，才能令他們放心。墨守成規讓他們有安全感。若沒有人要求他們做事、沒有人期待他們「這樣做」，他們會頓時感到很無助，但只要有規則可從，他們就不會感到無助、無趣、寂寞、無意義。

墨守成規的人只要抓住規則不放，就會感到放心。因此，個性不知變通的人總是不安、緊張、小心翼翼。也因此，即使他人並不期待墨守成規的人「這樣做」，他也會感覺別人對他有所期待。

當我們只是為了符合他人的期待而活，一旦沒了他人的期待，就什麼事都做不了。如此一來，也會出現膽小的道德思維。有道德指的是不負眾望。

一個人懷著狂熱的信仰，也是為了讓自己安心。只有在牢牢抓住信仰時，才會感到放心。

因此，這種人所經歷的道德矛盾更勝一般人。

高昂狀態。

3　不能憋住迷惘和煩惱

「抑留」是指儘管精神內部活動很活躍，卻無法透過外部行為發洩，造成情緒仍維持在高昂狀態。

例如，對某位異性產生好感時，我們會對對方留下亮眼、有魅力、性感等印象，而且每次見到對方，都會變得很興奮。

雖然情緒愈來愈高昂，但卻不知如何處理。不好意思告訴朋友自己有喜歡的人，更無法對喜歡的人表明心意，只能獨自暗戀。若是不被允許的戀情，則更加痛苦。

我會在後文針對這種人進行詳細解說，這種人欠缺脫離高度緊張狀態的「傳導能力」。他們膽小到不敢跟朋友分享、害羞到不敢向心上人告白，也難以藉酒壯膽，而是將情意積在心裡，任憑愛慕之心愈來愈強烈。因此，精神內部的活動性逐漸增強。

最後，變得心不在焉。例如，坐在電視機前面發呆，想著心上人；走在大街上，想著心上人。他們會開始魂不守舍地想著：「多完美的人啊，他是這世界上獨一無二的人！」一旦他們認定自己是神經質的人，就會以「因為我個性神經質」為由，解釋自己的各種體驗。當其他人和自己經歷相同體驗，他們也會歸咎於「因為我個性神經質」。

我們應該要知道，自己經歷悲慘遭遇時，並不是所有人的感受都跟當下的自己一樣。尤其當我們碰到覺得丟臉的情況，這個認知非常重要。

雖然是相同體驗，但不一定人人都會感到丟臉。也就是說，即使經歷了令人丟臉的事件，旁人也不像你所感受到的一樣，都在盯著你看。

同樣是不能曝光、無望的戀情或失戀經驗，每個人反應皆不同。德國精神科醫師恩斯特・克雷奇默（Ernst Kretschmer）曾說過下面一段話：

「即使是『失戀』的體驗，對各種精神病態人格而言，其主觀的體驗型態也有著天壤之別。失戀對於原始型性格的女性來講，是強烈、短暫的不快；對無力型性格的女性是長時間的痛苦疲憊；對歇斯底里的女性是半意識的精神失調；對陰謀女性而言，是惡質的侮辱；對喜好打抱不平的女性而言，是最可惡的不當行為。那麼，對敏感型人格而言，失戀又是什麼？

是令人羞恥的失敗。」（《新敏感關係妄想》星和書店）。

也就是說，不管是失戀還是職場上的失敗，當我們遭遇不快的體驗，不要把自己對體驗的解釋，視為唯一的解釋。

你認為失敗很羞恥，但這只是「你」的感覺，並非所有人遭遇同樣的失敗時，都會感到羞恥。一個人失戀時，若他屬於克雷奇默所說的敏感型性格，那他就會嘗到失敗的羞恥感，這種感受或許會使他永遠活在痛苦中。

然而，喜歡打抱不平的人，則會認為對方很可惡，做了非常錯誤的行為。

我們動不動就把自己的感受當作人類唯一的感受。敏感型性格的人認為失戀是羞恥的事。他們認為所有人失戀時，都會嘗到失敗的羞恥感。並且，所有人都覺得失戀的他們是丟臉的輸家。他們認為這種感受不是自己的主觀感受，而是客觀的。

但是，當我們經歷這些事情，我們應該告訴自己，之所以會有這種感受，不過是自己的性格使然罷了。

「被拒絕」不是令人受傷的體驗

我曾經幫東南亞的留學生上課，主題是「日本人的意識結構」。有一堂課的題目是「日本人與撒嬌」，主要談論日本人的玻璃心。

我以自己在美國的生活經驗做比較，提到美國人不像日本人，被拒絕時會感到受傷。我告訴學生，由於拒絕別人或被拒絕都會令人受傷，因此日本人會「揣測」對方的心，避免傷害自己或傷害別人。

有一位留學生很訝異地提問：「為什麼被拒絕會覺得受傷呢？」

「被拒絕」的體驗並非是會令所有人受傷的體驗。然而，有些人因為被拒絕而受傷後，會在心裡不斷重複相同體驗。

被拒絕之所以如此糾纏不放、令人感到痛徹心扉，並不是因為拒絕本身，而是受傷者的心性所致。

某種體驗會讓自己產生什麼樣的感受，是由體驗與自己的關係決定。把同一種藥與其他各種東西混和，並不會產生相同化學反應。人類也是如此。

即便是失戀，每個人失戀的心理過程也會因性格而不同。我們不應該把自己對某種體驗的感受視為絕對。

敏感型性格的人有不自覺誇大體驗的傾向，尤其是同時具備敏感型性格和自戀性格的人，很容易將別人覺得沒什麼大不了的體驗，視為天下第一大事。「事情大條了」是「自己」的感覺，事情本身絕對沒有那麼嚴重。

愈是「不能和任何人傾訴的煩惱」，愈是……

某間學校有學生因遭到霸凌而自殺。該學校有一位開朗活潑的學生表示：「為什麼他自殺前不來找我聊聊呢？」

對這位開朗活潑、強力型性格的學生來說，找別人聊心事並不是一件難事。這位同學遇到困難時，懂得找朋友傾訴，藉此減輕自己的痛苦。然而，自殺的學生根本不可能對別人傾訴自己的痛苦。

強力型性格的學生肯定會對於「為什麼不找人訴苦」「為什麼不找人傾訴」感到相當驚訝。他無法理解為什麼連「找人聊聊」這麼簡單的事都做不到。

但是，自殺的孩子就是「做不到」。有人說：「他們不是做不到，而是不去做」。他們說得沒錯。

自殺的學生不是無法找人傾訴，而是不找人傾訴。

我們必須了解到，有著高敏感型性格的人，若現在有一件事是他做不到的，那絕對不是一般人所認知的「做不到」，而是「自己」做不到。

我目前有主持廣播節目《電話人生諮詢》。剛開始聽眾說自己的煩惱是「難以向人啟齒的煩惱」。他想與我聊聊無法對別人說出口的煩惱。

其實，他並不是有難以對人說出口的煩惱，而是他根本不找人傾訴。對他而言，找人傾訴是一件非常難的事。

說實話，愈難以向他人傾訴的人，愈渴望與別人聊聊，並且會在心裡放大自己的煩惱。他們對任何人都說不出口，把煩惱完全鎖在心裡，愈來愈痛苦，把自己逼入絕境。他們覺得自己的煩惱很「可恥」。然而，對其他人而言，那絕對不是可恥的煩惱，通常只有他們自己覺得丟臉而已。

當發生不愉快的事，由於無法將自己的情緒宣洩出來，他們會感到「不甘心」。愈是不反抗傷害自己的人，「不甘心」的情緒就愈強。

4 人生可以快樂兩、三倍

有些人小心翼翼，但野心比別人大。例如敏感型性格的人比別人膽小一倍，他們活在極狹小的世界，對名利的欲望卻比一般人強。

這種內心的矛盾使他們永遠都處於過度緊張的狀態。只要發生任何事情，他們就會鑽牛角尖，沒有行動力。他們玻璃心、相當敏感且缺乏勇氣。

他們其實很想受到眾人的關注，但真正站在眾人面前時，又膽怯害怕起來。

一個個性善良、內向的人，就算神經質，若能平靜活在狹小的世界裡並感到滿足，也不會產生心理上的問題。

但是敏感型性格的人做不到這一點。敏感型性格者的痛苦來自於他們優柔寡斷、缺乏勇氣和果斷的行動力，卻又野心勃勃、渴望名譽。他們沒有達成野心的能力，卻又放不下野心，所以才會陷入強烈的自我不完美感。

簡單來說，他們無法接受「真實的自己」，因為「真實的自己」令他們感到無能為力和矛盾。即使個性膽小、嚴肅、缺乏自信，若單純是無力型性格倒也不會有什麼問題。

借用克雷奇默的描述來說，強力型性格像刺一般，刺著敏感型性格者無力型性格的核心。無力型性格確實是他們的一部分。沉穩內斂絕對不是假象，這的確也是真實的他們。

然而，就像我不斷說過的，他們不光如此。野心和對名聲的渴望像刺一樣刺著他們。內向的野心家並非完全內向，也不是強健的野心家。這種矛盾讓他們心裡充滿緊張。恐怕就是這個原因，導致他們比一般人更容易疲倦。

旁人看他們以為一切正常，但他們的存在本身就是兩種矛盾傾向的戰場，他們把精力都耗費在內心的爭鬥上。

膽小、嚴肅、重倫理的人，只在該戰鬥的時候戰鬥。勇健的野心家也只在該戰鬥的時候戰鬥。

但是，敏感、玻璃心的野心家，沒有戰鬥就活不下去。他們認為生存本身就是戰鬥。

我內心的「兩個自己」

即使是軟弱、溫和的人，若能接受自己，就不會活得很痛苦。只要將環境調整好，他們就能活得心滿意足。只要有善良、堅強的人保護他們，生存本身絕不是地獄。

而堅強的野心家會為了自我實現而奮鬥，會與否定自己的事物抗爭。他們的戰鬥通常在自己與外在環境之間。然而，敏感型性格的人並不是與外在抗爭，他們總是在和自己打架。

一個人即使擁有矛盾的面向，但只要內心容得下兩個面向就相安無事。但是，敏感型性格的人，其兩個面向激烈對立，在內心互相否定彼此，形成嚴重衝突。

即使是野心家，也不是自然的野心家。自然的野心家具有果斷力、勇氣和堅強的意志。膽小的野心家則是自我意識過高。

野心原本應該是向外的。因此，膨脹的自我意識不會伴隨著野心而來。

然而，敏感型性格的人是自我意識過高的野心家。他們無法讓自己的野心與自己融為一體，也無法為自己的野心燃燒。他們無法全力拚鬥、實現自己的野心。

他們的野心比野心家更大，並且他們會對自己和別人隱藏強烈的野心。未實現的野心沒有被放棄，而是從內引發他們的緊張。

未實現的野心轉換為敏感、容易受傷的榮譽心。他們總是感到一股不甘心。

經過一番努力後失敗而放棄的野心，不會對當事者的人生產生影響，但沒有努力過而殘留下來的野心，會導致當事者無法滿足於日常生活。他們的心永遠得不到滿足，內心深處渴望更奢華的生活，以及能為自己博得尊敬的榮耀。

因此，他們總是對現實生活感到疏離，心情不開朗，總覺得有其他的生存方式。他們心裡認為自己的人生值得更多、值得更好，同時卻安逸地過下去。

一味任性的人，有自己的生存方式。他們不會對生活有強烈的疏離感。然而，若一個人擁有任性的一面，也有體貼他人、為他人著想的一面，就永遠無法得到心靈上的滿足。

他們要性子時，感覺自己像個支配者，但要了性子後，會開始覺得害怕、後悔。

要性子後的感覺讓他們不好受。

那麼，拿出自重的一面，讓別人去耍任性、展現利己主義，他們就能滿足嗎？還是不滿足。由於他們是任性的，所以感到不滿、不愉快。

而且，他們無法發洩不滿、不愉快的情緒。他們永遠都不快樂。無論展現何種面向，他們都不快樂，而且不愉快的感覺會持續很久。

「如果我有那樣做就好了、有這樣做就好了」，他們如此抱怨之際，時間也在匆匆流逝。等到他們回頭看時，人生已走到了終點。

接受自己的「優點」和「缺點」，就會變快樂

覺得自己是敏感型性格的人，第一件要做的事就是接受自己是這樣的性格。

接受自己具有無力型和強力型兩種對立面向的事實，不要認定自己就是屬於哪一種類型的人，這部分我會在第二章中詳加說明。

察覺自己內心的無力特質，無力特質會降低與強力特質之間的對立；察覺自己內心的強

力特質，強力特質會削弱「刺」的特性，不再猛刺無力特質。

總之，透過自覺自己具有敏感型性格的面向，緩和劇烈的矛盾。

若我們不承認自己內心的野心和挫折，未實現的野心就會戴上正義的面具登場。我們心中原有的矛盾會愈來愈深。我們會被自己內心無益的拚鬥窮追猛打，光是活著就把精力消耗殆盡。最後，連呼吸都覺得痛苦。

當我們真正了解自己、建立自我認同，別人怎麼看你，再也不重要。

你的內心有無力型性格，也有強力型性格。與其陷入矛盾忍受痛苦煎熬，不如接受無力型性格的自己和強力型性格的自己，擁抱這兩種自己，就能活出二倍的人生。

不要把自己消耗在無益的戰場上，加倍享受人生也很重要。透過自覺內心強力特質與無力特質的矛盾，無力時，坦然接受自己的無力特質；強力時，坦然接受自己的強力特質。

當自己變得消極被動，不要告訴自己不能這樣，導致情緒緊張。請告訴自己，無力特質也是自己的本質。

當自己變得野心勃勃，不要責備自己太世俗，坦然任自己擁有野心。請不要用自己的道德性去正當化世俗性。因為強力特質也是自己的本質。

問題不在無力性質與強力性質，而是兩者的矛盾衝突所引發的爭鬥。也就是說，不要試著捨棄自己內心的強力特質或無力特質，重要的是讓自己從劇烈的矛盾中脫困，努力讓矛盾在自己的心中平行、不產生衝突。

第二章

改變「心靈的風向」

——讓人際關係變好的處方箋

1 「感情好」「和平」的背後

有些人動不動就「讓步」。從幼年的家庭關係到學生時期的朋友，以及公司的人際關係，自出生以來就不斷在禮讓別人。周遭的人會把他的禮讓視為應該，並不知道一直在讓步的他，內心有多麼受傷。

不，應該說大部分讓步的人本身，都沒有察覺到自己內心的憤怒。因此，這些人很容易罹患精神官能症、陷入憂鬱或崩潰。

沒有人從小就會一直把自己喜歡的東西讓給別人。三歲的孩子、七歲的孩子、十歲的孩子，為什麼會把自己喜歡的東西讓給別人呢？

百般禮讓的孩子，在父母和手足的眼裡是工具人般的存在；百般禮讓的朋友，在朋友間就像是工具人；百般讓步的上班族，對公司、主管、同事、部屬而言是工具人般的存在。

然而，這種人只會變成濫好人，除此之外什麼都不是。

「濫好人」有兩種。一種是無力型性格或弱力型性格的人，另一種是克雷奇默所謂的敏感型性格。

這兩種人或許心裡都受了傷、怒火中燒，但後者內心深處的憤怒和怨恨一定更強。因為敏感型性格的人，就像我前面所說的一樣，他們的強力特質像刺一般刺著無力特質的核心。

假設有一對兄弟握著同一把鎖。雙方都想開鎖進門。這個時候，其中一個孩子會讓步，另一個則吵著一定要自己開鎖進門。最後的贏家必定是吵鬧的那個孩子。即使在大人的世界，通常也是愛鬧、任性的人橫行天下。

日本社會有一句可怕的話：「會吵的人有糖吃。」我死都不會原諒吵著要糖吃的人。雖然抱怨、鬧得天翻地覆，可以達到利己的目的，但這樣做會犧牲掉「成熟」的人。

居上位者通常會犧牲成熟的人。因為犧牲成熟的人，安撫抱怨者、吵鬧者、一哭二鬧三上吊者的「任性」，較容易控制住場面。

政治當然是如此，連家庭內都不例外。我在前面已經說過，當兩兄弟握著同一個東西，一定是吵的那個贏。哭鬧的一方絕對比較有利。「默默吞忍的成熟孩子」總是吃虧的一方。

這是因為對父母而言，犧牲「默默吞忍的成熟孩子」，安撫愛哭、愛吵、愛鬧的孩子耍任性，較容易控制住場面。

但是，父母接受愛哭、愛吵、愛鬧的孩子耍任性，控制住場面時，絕對不知道「默默吞忍的成熟孩子」到底吞了多少怒氣，才能一直忍耐、表現出順從的樣子。

不對，我前面也說過，連他們本身都沒有察覺自己的怒氣。然而，他們內心深處的「不甘心」是一股很強烈的情緒。

這世界上很多人一輩子都沒有察覺到自己內心的怒氣，不斷吞忍、表現成熟的一面，在精神官能症中過完一生。

只顧自己的利益，剝削、犧牲、榨乾「成熟」的人也相當多。

有人一輩子任性妄為，有人一輩子在心裡覺得不甘心、壓抑自己的任性。雖然我很籠統地用「一輩子壓抑自己的任性」來描述，但意思是從零歲開始，就不斷在生活中一忍再忍。

這種人罹患精神官能症、對自己的人生感到悲觀、失望，也沒什麼奇怪。

我認為贏家是指樂觀的努力者，輸家是指悲觀卻不努力的人。「成熟的人」則很難成為贏家。這裡的贏家是指能真實感受到生存喜悅的人。

「都是我在讓步」的悲劇

愛哭鬧的人、吵個不停的人、愛抱怨的人，這些人都忘了讓步的一方和自己一樣都是人。他們踐踏別人的尊嚴，卻沒有自覺。

我本身也是「成熟」的人。因此，我了解永遠在讓步的敏感型性格的人有多麼受傷、忍著多少憤怒及感到「不甘心」。在我二十幾歲罹患精神官能症的時期中，也不知道自己吞了多少憤怒。也因為如此，難怪我會罹患精神官能症。

不過，幸好在各種偶然下，我得以察覺自己內心的怒氣，從精神官能症和憂鬱中解脫。

當時，我被內心強烈的憤怒和憎恨打倒，不知如何是好。我不曉得該如何處理從小不斷累積的那股劇烈的憤怒和憎恨，只能停在原地。若我在單身時察覺到內心劇烈的憤怒與憎恨，我可能會淪為殺人犯吧。

道德感比起我當時的憤怒和憎恨，根本不值一提。那時候的我甚至認為，殺了那些踐踏別人卻不以為然、把別人逼到絕境，自己卻過得舒舒服服的人，可能更稱得上是道德行為。

我憎恨和憤怒的對象相當廣，從父母、兄弟姊妹到高中時期說「我很聽話」的朋友。

我氣過去所有讓我活在主僕關係中的關係。

我是聽話的「成熟」奴隸。我不僅是被禁止生氣的奴隸，更被禁止察覺自己的憤怒。

我只被允許有「喜歡別人」「愛別人」的感受。無論遭受再怎麼嚴重的羞辱，我都不能在家裡面生氣。

當我察覺到內心的憤怒，我光是看到「和睦相處」「和平」這些字就會發怒。因為我覺得我就是被這些字眼傷得遍體鱗傷。

小時候父母經常用「要和睦相處」這句話逼我犧牲。若兩個人想要同一個東西，一定是我必須讓步。如果我也去搶，雙方絕對會吵起來，而最後被罵的不知道為什麼必定是我。

兩個人都想要同一個東西。最後一定是吵鬧的那個人贏。「給他吧」是父母的命令。我總是默不吭聲地把東西讓給別人。我在心底嘶吼著：「那我怎麼辦！」然而，我被禁止察覺這發自內心深處的嘶吼。

「必須和睦相處」的倫理，嚴格禁止我去傾聽「那我怎麼辦」這句內心深處的嘶吼。

因此，當我不再壓抑，只要看到或聽到「和睦相處」「和平」這些字，就會聽到過去這句內心的吶喊而憤怒。不知道有多少立場較弱的人，因為「和睦相處」「和平」這些話而遭到苛責、摧殘。

當奴隸被預設主僕立場、被要求與別人好好相處，這些倡導「和睦相處」「和平」的人，有想過奴隸受到多大的屈辱嗎？

認為這世界上已經不存在主僕關係的人，是犧牲他人占便宜的人。從家庭到職場，有些人一開始就被期待要「禮讓」他人吧。

因為靠這些人的犧牲，才得以維持群體的和平，不是嗎？

因為「他很囉唆」，所以容忍他的任性，不是嗎？

被期待會「禮讓」的人和不禮讓的人一樣，也想做同一件事、也想要同一個東西吧。他們只是忍著讓給別人而已。

而禮讓的人會受到尊敬嗎？絕對不會。他們只會被輕視而已。「朋友就是這樣」「兄弟就是如此」，所以被要求禮讓的人永遠都是某一方。

「朋友就是這樣」「兄弟就是如此」這些話，沒有一次讓他們占到便宜。這些話都是用來讓他們忍受不平待遇。沒有「因為是朋友」「因為是兄弟」，所以互相忍讓。這些話只是為了使某一方單方面忍讓而已。

2 不必事事圓滿、皆大歡喜

日本社會尊崇「圓融」，事情最好不要鬧大。我也認為這做法比較好。

但必須注意的是，在事情圓滿落幕的過程中，我們是否也犧牲了某樣東西或某個人。就我所知，當好人被犧牲、自私的人得到不當的利益，事情才會圓融。

雖然「事情圓融」是好事一樁，但以此為優先的群體，是病態的群體。因為犧牲者大多已經決定好。也因為犧牲者身邊的人，大多不理解他們有多麼受傷。

有一句話叫做「傻瓜的樂園」。如果一切以圓融為優先，就變成了自私自利者的樂園。現代日本存在著很多自私自利者的樂園。然而，這樣的樂園對濫好人而言只會是地獄。

日本人之所以會有這麼多人在背後說人閒話、妒忌他人、在公司互相扯後腿，不就是因為身處於自私自利者的樂園嗎？大家表面禮讓他人，其實很不開心吧。

有的人乍看之下和善、溫文儒雅，但其實內心強勢。這種人遭受侮辱時，反感會久久揮之不去。

他們心裡產生的反感，比大聲罵「豈有此理，無恥」的人更深刻，且難以克服。大聲吵鬧的人遭受不當待遇或羞辱時，只要罵一罵就能消除心裡的反感。

相較之下，表面溫和的人會莫名其妙地吃虧。他們比強力型性格的人更難忍受損害和恥辱，而且由於發洩不出來，就變成怨恨長期積在心裡。

外在的侮辱和損害對他們的影響，比強力型性格和無力型性格的人更久。

在這些人眼裡看來，可說是異常地久。

愈是認真、有良心，反感度愈高，卻又難以克服自私自利者大吵大鬧的霸道。愈是溫順、有良心，就愈難以吼出：「那我吃虧又該怎麼辦？」由於不忍對方遭受損害，所以盡力避免。而盡力避免他人受害，便造成自己吃虧。

最後演變成「你就忍耐一下吧！」由於原本就是執著型性格或敏感型性格的人，有很深的自責感，因此就算覺得不甘心，他們也會忍住不耍性子。

可是，仔細想想，預設立場決定「你不必忍耐。你必須忍耐」本身就是一件很奇怪的事。

一旦預設了這樣的立場，當那些熱愛工作、溫和、善良的人內心對侮辱和損害產生反感，他們身邊的人就不會察覺到。這表示謹慎勤奮的人不會有回報。

有誰會樂意主動成為沒有回報的一方嗎？他們只是不得已、被逼罷了。而一旦被迫成為這一方，就要一邊忍受著食欲不振、便祕、失眠、頭痛，一邊還要努力工作。

大吵大鬧的利己主義者會說，那就主張自己的立場不就好了。可是，若他們也一樣自私自利，這個組織就會崩壞。

由於溫和、謹慎、善良的勤奮者會避免組織崩壞，因此最後不得不禮讓。他們在家裡也是這樣。他們明白若自己和其他家人一樣自私，整個家庭就會破裂，所以他們會忍讓。在公司也一樣。他們知道若自己跟別人一樣自私，自己所屬部門就無法提升業績、失序，因此他們會禮讓。

我認為讓謹慎勤勉者有所回報是主管應具備的特質。處理事情沒有原則，只想草草了事的主管，絕對會犧牲謹慎勤勉、溫和的人。

若主管只想草草了事，就必須讓有點死板但有良心的人承受不公平待遇，以解決組織的問題。

很神奇的是，一旦有人承受不公平待遇，所有人就會開始覺得一切都如此理所當然。個性死板、有良心、勤勉的人，原本就比一般人焦慮緊張，所以更容易疲倦。

大吵大鬧的自私者則完全不會累，反而是疲憊且容易累的敏感型性格者的負擔與日俱增。到最後，即使他再怎麼說自己累或力求減輕工作上的負擔，也不會有人聽得進去。他的懇求將遭到忽視。

卸下「心靈的負擔」

好的主管和優秀的領導者，指的是可以確實聆聽這些懇求的人。即使其他同事和部屬不了解沒關係，理解這些聲音卻是主管、領導者應具備的特質。

然而，有很多領導者欠缺這項重要特質。當一個人被迫承受不公平待遇而感到疲憊、變得易怒，就會被說「他很愛發脾氣」「他怎麼老是這麼焦躁」。

當一個人因工作量分配不公而負荷過重、訴求遭到忽視、精神出問題，結局就是被說「他工作能力很差」，然後被疏離、邊緣化。儘管他們表面上看起來溫和，但心裡所受的傷比冷酷的自私者更深。

因為沒有獲得升遷而討厭、抱怨主管的人倒也能活得好好的。敏感型性格的人即使心有不滿，也不敢在公司裡罵主管。他們和朋友聚餐時，也不敢痛斥主管和同事。

他們反而會耿直地認為是因為自己能力不足。然而，由於他們並非是倫理道德完美的人，所以即使有這種想法，卻無法真的說服自己。

他們也渴望職場上的名望、財富，就這一點而言，他們與大吵大鬧的自私者沒有兩樣。但他們卻慘敗給自私自利者，無法像自私者一樣盛氣凌人、理直氣壯地主張自己的利益。

主張自己的利益會讓他們遭受良心的譴責，所以他們會隱藏自己的想法，或者被迫噤聲。別人要他們「以他人利益為優先」，所以他們捨棄自己的利益。這時候的他們在潛意識層面吶喊著：「那我的利益又該怎麼辦？」可是，包括他在內，沒有人聽得到這聲吶喊。

說真的，主管必須要有聽見這聲納吼的能力。

不要瞧不起善良的人！很少人明白這一點。至少在現在的日本，無論是在家庭、社會和職場上，到處都不公平地對善良且辛勤工作的人增加負擔。

負擔分配不均、工作不順利時，被指責的往往都是這些被迫承受不公平重擔的人。

而毫無負擔、霸道的自私自利者，還能一副傲慢、得意洋洋的樣子。這世界上，有些人會因一點小事就反應激烈，也有人會默默忍受。

我認為能避免強勢者囊括好處的主管，是有才能的主管。這世界上有人可以忍受紛爭，有人忍受不了紛爭的不愉快。也有人就算討厭紛爭，也會以自己的利益為重。有人即使發生紛爭，喝一個晚上的酒就把一切忘得一乾二淨。

義正嚴詞主張自我利益的人會對謹慎的人說：「你也可以主張自己的利益啊！」這句話完全就是對謹慎的人下戰帖，要他們乖乖上戰場。聽到別人說你也可以主張自己的利益時，回答：「你才要克制自己，想想別人的利益」就好了吧。

當別人執意告訴他們：「你也可以主張自己的利益啊！」即使他們偽裝著去爭取，到最後也只能放棄。意思是，只有在互相禮讓的狀況下，才有可能提出彼此的想法。

大吵大鬧的自私者打從一開始就沒打算禮讓，他們欠缺感性層面的體貼心態。卻還告訴對方也可以主張自己的利益。

這是相當傲慢、不把他人人格放在眼裡、獨善其身的霸道態度。不在意別人的想法，卻告訴別人可以說出自己的想法，是很卑劣的行為。

「你也可以主張自己的利益」這句話的正確性是有前提的。大部分說這句話的自私者都缺乏該前提。能看穿這一點，才是優秀的領導者。

3 「言行謹慎的人」所具備的特質

被迫容忍的人所喊出的「不甘心！」雖然具有攻擊性，但同時也是在求助。他們求助的方法就是呼喊：「不甘心！」目的是「希望別人多愛自己一點」。

為了達到這個目的，他們表現出「我很痛苦」的煩惱。誇張地向身邊的人表達煩惱的人，是在攻擊身邊的人，是在大喊：「多愛我一點！」

有些人會大喊：「不甘心！」敏感型性格的人會把這個吶喊藏在心裡，而旺盛型性格的人則會對外宣洩、吶喊。

小孩懂得求助。飢餓、疼痛及其他肉體的不適感交雜著不安（1）。不安的功能是使人對外求助（2）。

奧地利心理學家阿爾弗雷德・阿德勒（Alfred Adler）使用「攻擊性不安」和「攻擊性煩惱」等詞彙。阿德勒認為擔憂和不安的功能是「使人對外求助」（3）。阿德勒說每個人都很熟悉這種行為（4）。他以社會性表現的攻擊來描述這種行為。當然不是直接表達出來，而是以不安的方式呈現。

就像我前面說過的，敏感型性格的人是「脆弱、容易受傷的野心家」，是「自我意識過高的野心家（5）。脆弱、容易受傷的榮譽心，是「卡在喉嚨的魚刺」，是對力量的渴望。

為什麼他們會渴望力量？

因為他們是野心家。因為他們想逃離不安。而且，他們將野心藏起，並擁有與野心相反的敏感性。

簡而言之，他們的性格矛盾。矛盾讓敏感型性格的人陷入痛苦。

由於敏感型性格的人是「謹慎的野心家」（6），所以陷入攻擊性不安的痛苦中。

由於他們是敏感的野心家，所以會拚命表現出超乎自己實力的能力，讓別人看見「比實際上更好的自己」。

「真實的自己」與外人眼中的自己，兩者之間的落差是讓他們害怕的原因。

敏感型性格的人總是害怕「自己會不會被看破手腳？」這樣的不安是攻擊性不安。他們渴望當完美的人，所以擔心。所以渴求力量。

他們在內心深處輕蔑自己，所以他們比一般人更「害怕被討厭」。

即使受到他人肯定，他們內心深處也明白哪個才是「真正的自己」。

所以不要努力尋求別人的認同，只要走向自己的內心就好。努力改變自己的心態。

再怎麼虛張聲勢，內心深處還是感覺像是一隻被丟棄的貓。

由於他們脆弱、易受傷的榮譽心永遠都在受傷，所以永遠都感到不甘心。他們總是忍耐這一切，所以當然會過得不甘心且消耗精力。

「野心勃勃的人永遠無法放鬆。（中略）大部分精神官能症患者都是野心受阻的人。這幾乎可說是公式。」（7）

問題在於為什麼會產生野心。

「因為他們是一群極度自卑的人，認為少了名聲、財富、權勢，就難以忍受人生（8）。」

還有另一個很重要的想法，來自社會心理學家埃里希・佛洛姆（Erich Fromm）。這個想法的意旨是，即使你受到旁人的愛戴，你的不安也絕對不會消失。即使你受到旁人的歡迎，還是解決不了你內心的問題。

敏感型性格的人害怕別人發現自己在意的弱點。

這樣的恐懼感導致他們過度犧牲自己去討好別人、勉強自己。他們就算病了也會挪出時間和討厭的人碰面。

為了博得別人的好感，他們會壓抑怨恨、忍著怒氣。而且他們有著隱形的敵意。這些使他們形成強烈的憎恨型性格。為了不被討厭而勉強自己、為了受人喜愛而勉強自己，這就是隱形敵意產生的原因。

美國精神科醫師喬治・溫伯格（George Weinberg）說過，不要把關係放在第一位。

阿德勒在其著作（9）中舉D先生為例，來描述社會性表現的隱形攻擊（10）。我在《輕憂鬱症D先生的日常生活》（軽いうつ病D氏の日常生活，三笠書房）這本書中有談過這位D先生。

D先生在外是一位「和藹溫順的銀行員」，但回到家裡就變得很難伺候。他希望所有家人都可以重視他。若大家不重視他，他就會感到不甘心、不滿。

他暗自想成為更重要的一方。D先生認為有了權勢，就可以站在那一方。因此，他極度渴望權力。

卡在喉嚨的魚刺，就是這股隱形的「對力量的渴望」。

敏感型性格的人其實都很不安，並渴望力量。然而，他們無法採取直接的行動去實現這個願望。他們表現出來的是過度的恭維、體貼和安慰（11）。如此形成了對力量的渴望，並努力想要比別人更優越（12）。

攻擊性不安會以各種樣貌表現出來。可能是透過自我憐憫來表現攻擊性不安。「很常說自己的問題」「只想到自己的問題」「做各種事情都想獲得人們的同情」等，都是自我憐憫的徵兆（13）。表面上似乎是在憐憫自己，但內容卻有攻擊性。他們透過自我憐憫來攻擊別人。

在自我憐憫的過程中，他們開始責怪對方：「都是因為你才會這樣」「我這麼痛苦，你的態度竟然這麼惡劣」，而這樣的感受是具有攻擊性的。

D先生永遠活在不安中。他害怕「得不到自己理想中的愛情」。

因此，他會很在意別人對自己的看法。

D先生藏在「感嘆」後的祕密，是對優越的渴望。他的欺瞞、自我憐憫、妄自菲薄、恭維等各種行為的背後都是攻擊性不安。

D先生不得不把「我好辛苦」掛在嘴邊。把「我好辛苦」掛在嘴邊可以讓自己的心靈保持平衡。

將「我好辛苦」這句話翻譯過來，就是「我不甘心」。

他表面上像是在憐憫自己，但內容卻具有攻擊性。他是藉由憐憫自己來攻擊對方。

他行動的目的不是與他人合作，而是攻擊別人。他不會向別人清楚說出自己的希望、願望、要求、意思。

因為自己感到不安，所以企圖讓所有人都愛自己。因此他操縱別人。他無法直接向對方說「希望你能愛我」。

這就是阿德勒所說的攻擊性不安。

德國精神科醫師克雷奇默在《新敏感性關係妄想》中表示，有三個決定性的標準可以判斷某種性格中所具備的強韌性。

第一是感動的強度，這與印象能力的概念有關。第二是感動的持續性，這與維持能力相應。第三是感動表達的程度，這與傳導能力相應。

「強迫症患者的無力性質高於愛抱怨的患者。因為強迫症患者即使感動的強度和持續性都很好，卻仍缺乏自由表達情感的能力。」

我的意思絕對不是強力型比較好、無力型比較差。有人說利他的倫理，來自於人類的無力體驗。

我在這裡想討論的絕對不是精神病態人格，而是建構在這些概念基礎上的理想性格應該是怎麼樣。我們能否正確了解自己的性格，如何活得輕盈，並活出有意義的人生。

因此，不能把自己的感受當作是絕對與唯一的。每個人在心裡處理感受的方式不一樣。套句克雷奇默的話，維持能力也不同。

而且，緩和高度緊張的適應能力，即傳導能力也不一。強迫症患者在這方面是很辛苦的。因為他們保持在高昂的情感中，卻缺乏舒緩緊張的表達能力。

像這樣缺乏傳導能力卻感覺敏銳的人，就是敏感型性格的人。從他們的外在表現來看，都是相當謹慎的人。

因此，敏感型性格的人在日本社會中，通常看起來都是個性很好的人。在看重行事低調的日本社會，謹慎被視為美德。

然而，他們心中存在著很嚴重的矛盾。敏感型性格的人即使在會議上生氣，也會忍著不吭聲。不說話不代表他們不生氣。

他們心裡氣別人「說這種話真可惡」。但他們卻說不出：「這樣講不是很怪嗎？」若他們能把內心的感受表現出來也就罷了，但由於個性羞怯，所以說不出口。

如此一來，會發生什麼事呢？當他們獨自一人回到家，便無法處理內心的不滿，而在心裡不斷自言自語，向對方說出各種不滿，但真的碰到面，又不禁擺出一副善良的笑臉。然而，不滿的情緒卻永遠存在著。

最後甚至開始做起白日夢。他們想像自己在會議上擊潰對方的場景，並且因為做白日夢而筋疲力盡。敏感型性格的人之所以容易累，是因為內心永遠處於緊張狀態。永遠都覺得不甘心。

基於他們會緊張這一點，敏感型性格的人便不是純粹的無力型性格者。無力型性格者雖然也有容易受傷的反應，但會以不帶有緊張的憂鬱狀態出現。

雖然他們不太與人爭論，但並非心中感到滿足，所以才不爭論。他們在心裡總是與別人爭吵，只是沒有展現出來。即使晚上躺在床上，他們還是在心裡與別人爭執，所以才會失眠。

若他們具備傳導能力，就可以在各種場合下說出自己想說的話、說出心裡的不滿，便不至於導致失眠。

敏感型性格的人總是被莫名的東西困住。他們總是若有所思，老是「心不在焉」，老是為某件事感到不悅。讓他們心煩的可能是公司的人事制度。他們可能不滿「他憑什麼升遷」。他們或許會怨恨不提拔自己的主管。反正，他們對任何事情都會心生不滿。

如此一來，「不滿」占據了意識的核心。除了無法和主管說清楚講明白，也無法在正式會議上發言，甚至在聚餐上也無法大吐苦水。

因此，無論他們走在路上或搭電車，總是在心裡咕噥。他們沒有在欣賞沿途的街景，而是永遠在心裡抱怨著。他們總是在腦海中想像這樣的場景。

「他憑什麼升遷」的念頭盤據他的意識中心，使得他在心裡上演以這件事為主的想像劇。他在這齣內心戲裡說著話。

無論他們在搭電車或走路，都被劇中的自己所吸引。所以，他們老是「心不在焉」，無法專注在當下。因為他們放不下過去。

而在面對其他人時，他們無法表現出放不下的自己。由於他們羞於在別人面前表達出來，而是往心裡去，因此總是在消耗精力，永遠得不到寧靜。

丟掉「希望大家都喜歡自己」的念頭

克雷奇默表示，敏感型性格的人帶有一絲絲的強力型性格，而這會刺激無力型性格的核心。強力型性格會像刺一樣刺著無力型性格，令他們更加不滿。

若純粹是無力型性格，就不會因為「他憑什麼升遷」「不提拔自己的主管真不長眼」而攻擊他人。

若純粹是強力型性格，就可以大聲說出自己的想法，若不打算說出來也不會一直把不滿擱置在意識的中心。

然而，敏感型性格的人，由於一絲絲強力型性格在作祟，使他們會採取攻擊對方的姿態。但是，又由於無力型性格導致他們難以發動攻擊。並又因為一絲絲強力型性格，無法放下心中的不滿。一切都虎頭蛇尾。

美國心理學家大衛・西伯里（David Seabury）認為虎頭蛇尾對人類的心理健康會產生不良影響，而敏感型性格的人完全就是虎頭蛇尾。

純粹無力型性格的人是指「極度心軟、缺乏堅強意志去抵禦他人的人」（克雷奇默）。當然，無力型的人會感到悲傷。然而，他們的悲傷不會產生克雷奇默所說的「抑留」。因為他們沒有強烈的成功欲望，也不會在心裡幻想自己出人頭地的情景，耗費精力做白日夢。

被自己敏感型性格所困擾的人，應該再次檢討別人對自己的態度。你對身邊的人態度謹慎有禮。那現在惹你生氣的人，他待你的態度也謹慎有禮嗎？

為什麼他對你不禮貌，你卻必須待他畢恭畢敬？為什麼你要百般忍受對方的態度，他卻不必忍耐你的態度？

他把你當工具人，你卻必須忍受他，到底為什麼？他有用你對他的態度一樣對待你嗎？沒有吧。

不斷吞忍又能帶來什麼？會發生什麼事？忍耐確實可以讓自己得到「好人」的評價，但卻只會被大家瞧不起。

忍氣吞聲讓人一輩子活在不甘心中。你以為會有什麼事即將發生，卻什麼都沒發生地過完一輩子。與其說是忍耐，用憋著不滿來形容或許更貼切。

對方認可的事情，你也可以允許自己去做。你不認可的事情，也不要允許對方做。並不是說別人可以自私自利，你就不能自私自利。

如何區分「狡猾的人」和「有惡意的人」？

克雷奇默表示，純粹強力型的人是健康的人。「他們具有持續的行動力和旺盛的感動表現，不拘泥小節，且可以不畏周圍的眼光我行我素，遇到阻礙也能挺身而戰，若輸了還能保有健康的自我意識。」（《新敏感性關係妄想》）

這是相當健康的。然而，我認為必須把克雷奇默所謂的強力型人分為兩種來思考。包括情緒未成熟的強力型人和情緒成熟的強力型人。

情緒未成熟的強力型人是自私的、以自我為中心。這種類型的人不會站在對方的角度替人著想，只會單方面主張自己的想法，而且是用非常強硬的方式來主張。

更讓人受不了的是克雷奇默所謂旺盛型性格的人。旺盛型性格者即利己主義者。就三項能力而言，他們雖然具備很棒的印象能力和維持能力，但傳導能力卻局部性受阻。

旺盛型性格的人也很敏感、容易受傷，但他們可以選擇性地表達出來。我認為這是利己主義的傾向。克雷奇默表示，若敏感型性格者的強力特質刺激著無力特質，那旺盛型性格者就是無力特質刺激著強力特質。

失戀時，有些人會怨恨、騷擾對方，有些則不會。旺盛型性格的人就是會糾纏對方不放的人。我在主持《電話人生諮詢》時，經常接到很多這類型的女性打電話進來。

她們覺得自己在談的是成熟的戀愛，但分手後，不恨對方、不騷擾對方就覺得不暢快。更恐怖的人，甚至會在對方住家附近撒傳單。

有些女性到餐廳吃飯，因服務生的態度而感到受傷時，會在餐廳門口撒傳單或一早就到餐廳，在窗戶上貼滿紙。他們是容易受刺激的神經質者，但不同於敏感型性格者的是，他們是藉由惡意的陰謀來發洩不滿。

敏感型性格與旺盛型性格的人一樣神經質和玻璃心，但兩者處理受傷情感的方式恰好相反。玩股票賠錢，每晚打電話到營業員家裡的家庭主婦，就是屬於旺盛型性格。

旺盛型性格的人基本上具有強力型特質，因此容易受傷，而且他們有強烈的利己主義。由於易受刺激、活力旺盛，所以很容易就被激怒，犧牲別人也無所謂。

即使同是利己主義者，有的人會對自己自私的一面感到羞愧，但這類型的人卻會理直氣壯地採取利己行動。他們不會柔弱到因膽怯害怕而迎合他人。雖然無力型特質向刺一樣刺著他們，但他們沒有純粹無力型的人所擁有的溫柔和細膩情感。

總之，他們自私、狡詐、強勢。他們會踩著懦弱、謹慎的人的屍體，追求自己的利益。而且他們把別人當墊腳石時，絕對不會感到受傷。

旺盛型性格的人之所以會受傷，不是因為理解別人心裡的痛苦而受傷。他們是因為自己的榮譽心被傷害了，所以感到受傷。

對這種人而言，較容易打交道的是謹慎內向的人。旺盛型性格者只要他人有可利用之處，就會經常與對方來往。

自認是敏感型性格的人，應盡量避免與旺盛型性格的人扯上關係。

然而，對愛情感到飢渴的人，很容易不知不覺就與他們扯上關係。然後傷得更重、經歷更痛苦的事，加重內心矛盾的負擔。

自認是敏感型性格的人，應該時時注意自己如何處理愛情飢餓感。因為你們常常會因為這樣的飢餓感，不經意靠向這種強勢、自私的人。

誰才是真正重要的人

心靈的能力指的是注視別人、觀察他人。懂得辨別真偽，判斷那是否是自己努力也得不到的東西，或是努力就能得到。若能看清楚這一點，就能離開對方。

自己與對方差異多大？對方的無意識領域有多大？看清楚這一點。

很多人因為自己是敏感型性格，所以想要成為不是敏感型性格的人。想要變成「你想成為的自己」，第一件要做的事就是專注於一個目標就好，切勿「三心二意」。

觀察對方時，還要注意一件事。

那就是要去想，針對自己的失敗說三道四的人，本身又是怎樣的人？

對自己指指點點的人或許是個負面的人、愛面子的人，也或許是個沒有自信，必須透過貶低別人來維持自己虛假自尊的人。為什麼要害怕這種卑鄙的人？

而且，一樣米養百種人，懂了這個道理，就能拓寬視野，思考自己的人生。

美國心理學家亞伯拉罕・馬斯洛（Abraham Maslow）說：「自我實現者比任何其他成人，擁有更深遠的人際關係(14)。」

自我實現者不同於討好所有人的八面玲瓏者，他們知道對自己而言誰才是重要的人。他們只與少數人建立緊密關係。

「我們可以說，自我實現者如前所述，會與少數人建立特別的緊密關係。他們的朋友圈非常小(15)。」

第三章

你可以更「做自己」

——不被「負面情緒」綁架的方法

1 明白「失敗是公平的，每個人都會嘗到失敗的滋味」

我要再詳細說明前面提過的「傳導能力」。人類透過某種體驗，產生某種印象。我們會悲傷和開心。隨著這些體驗，在內心進行各種情感活動。

人類只要活著，就會展開各種體驗，隨之而來的新情感活動，會取代前面的情感活動進入心中。

因該體驗所產生的情感活動便會開始釋放。像這樣透過某種方法讓情感活動得以釋放的能力，克雷奇默稱之為「傳導能力」。

因體驗而在內心高漲的緊張情緒，會藉由傳導能力的作用恢復平靜。「性格所具備的這種能帶來平靜的體驗適應作用，可以純粹在精神內部進行，也就是在當下所有表象間自由且多元的觀念聯合（association of ideas）下進行，或者也可以藉由外部行為，例如簡單的傾訴、強烈的感動、意志行為等進行。」（《新敏感性關係妄想》）

欠缺此傳導能力會引發各種問題。執著就是一個例子。

有的人一旦失敗，就會非常在意該次失敗。即使其他人也經歷過相同失敗，但有些人就是會執著於該失敗，擔心若遇到相同狀況會再度失敗，並因為憂慮而重蹈覆轍。

然而，其他人會把自己的失敗忘得一乾二淨，即使面臨相同狀況，也不會感到不安，可以順利克服難關。

這種差別完全反映了傳導能力的差異。因為憂慮而重蹈覆轍的人，無法發洩失敗所帶來的情緒。這種人的敏感度，使他們在失敗中傷得比一般人更重。他們會胡思亂想，擔心完蛋了、失敗了、事情不順遂、該怎麼辦、失敗後大家會如何看自己、失敗後別人會瞧不起自己等。

別人對他的失敗，不會像他留下那麼強烈的印象。與該失敗有關的人，對失敗的印象不像當事者那麼強，但當事者卻產生錯覺，覺得所有人跟自己一樣，對該次失敗的印象相當深刻。

因此，這種人會急於扭轉別人對自己的負面印象。由於一逮到機會他們就會企圖扭轉別人對自己的負面印象，因此很容易又再度失敗。

有些人有臉紅恐懼症（erythrophobia）。他們覺得害羞臉紅的自己很丟臉。一般人即使臉紅，也不會感到如此丟臉吧。完全不會臉紅的人，一點都不可愛。

然而，患有臉紅恐懼症的人，覺得臉紅的自己很沒用。不只臉紅恐懼症，有精神官能症的人，會對於每個人都可能犯的錯感到可恥。他們會認為犯下這種錯誤的自己很不中用。

有精神官能症的人，失敗的次數並沒有比一般人多。他們的失敗與其他人並無兩樣。但是，同樣的失敗所帶來的心理打擊完全不同。

他們遭受嚴重打擊，卻欠缺發洩情感的傳導能力，導致引發各種心理問題。

克雷奇默表示，有這種性格缺陷的人，是膽小、謹慎、內向的人。然而，這些人也都是在正常範圍內的人。問題是擁有強烈的情感體驗，卻無法宣洩而罹患精神官能症的人。

要「持續累積」，還是「宣洩情感」？

臉紅時，無法發洩當下的情緒，這些情緒就會殘留在當事人的心裡，這就是「抑留」。

我認為常常沉浸在白日夢的人，就是為抑留所苦的人。

儘管經歷了深刻的情感體驗，卻因缺乏傳導能力，導致情感被抑留。他們透過白日夢釋放情緒。有自閉傾向的人，其內心的溝通也類似如此。

他們在心裡自言自語，與現實中的對象卻沒有任何對話進展。但是，無論是白日夢或內心溝通，都無法宣洩活躍的情感生活，讓心靈回到平靜狀態。

不過，我們暫不討論病態的例子，一般人當中，也有具備傳導能力的人和缺乏傳導能力的人。有的人不開心時，會表現出不開心的情緒，且事後就忘了；有的人雖然不會表現出不開心，但心裡卻比喜怒形於色的人更不愉快、更受傷。

我用欠缺傳導能力或抑留等說法，雖然會令人產生病態的感覺，但我在這裡不以妄想症患者為例，而是要以一般人為例來思考。

到底哪種人擁有傳導能力？哪種人缺乏傳導能力？我認為缺乏傳導能力的人，是會擔心失去的人。

「不想失去別人現在對自己的好感」「不想失去自己所獲得的肯定」等，總之擁有不想失去的東西，但有可能失去並對此感到害怕的人，似乎很容易缺乏傳導能力。

讓我們再想得更單純些。假設我們正在和另一半說話。對方說了令人勃然大怒的話，或者出口傷人。

這時，有的人會憤怒、破口大罵或賞對方一巴掌。原始型性格的人另當別論，一般會做出這些行為的人，應該是不擔心會被甩的人，而且這種人大部分很快就把事情都忘了。

如果擔心另一半對自己產生反感、擔心這麼做會改變另一半對自己的看法、害怕被甩，即使生氣也會忍下來。即使感到不愉快，也會吞下不甘心，擠出笑臉。

然而，若受傷後硬擠出笑臉，內心就會因不安和白熱化的緊張情緒而無法保持平靜。這種人即使心裡非常緊張，卻害怕表現出來會令人反感。如此一來，他們就失去了舒緩緊張的方法。

一般人的傳導能力，取決於對自己的自信。

在這種狀況下，自信所指的是對方不會甩掉自己的自信、對方不會因自己的這些行為而對自己產生反感的自信，以及對方不會討厭自己的自信。

只要害怕被討厭，就免不了因人際關係而缺乏傳導能力。藉由爭吵，可以深化人際關係，雙方也能培養傳導能力。

即使知道對方討厭自己的「這種傾向」，仍可以將之表現出來，在這種關係中，雙方心裡都不會過度緊張，難以舒緩。

「被討厭」「被輕蔑」其實是很大的誤會

心思細膩、玻璃心，卻不具備傳導能力的人是一齣悲劇。通常撒嬌需求沒有獲得滿足的人都是如此。也就是說，撒嬌需求愈強，愈容易受傷。

因為有撒嬌需求，所以人們會想要博得他人的好感，一旦得到了，就想要維持原狀。

如果一定要殺了自己才能與對方交往，那不交往也沒差。無法產生這種感受的人，就不具備充分的傳導能力。

具有強烈愛情飢餓感的人，很容易因為人際關係而缺乏傳導能力。因為殺了自己與對方交往，能獲得很大的好處，當然也會失去一些東西。但更大的好處是，愛情饑餓感可以獲得治癒。

因人際關係而欠缺傳導能力的人，對人際關係有些誤解。第一，吵架就會分手、吵架就會被討厭；第二，不配合對方的話題就會被討厭；第三，不高尚的人會被輕蔑、拋棄。

由於對人際關係有各種誤解，因此與別人來往時，必須壓抑自己對別人的感覺。

例如，別人開了一個自己沒興趣的話題。若是比較不熟的人，在禮貌上配合話題也很重要。然而，若是私交很熟的關係，說清楚自己對什麼有興趣、沒興趣，並不會不禮貌。

面對熟人時，假裝很有興趣聽著對方聊著自己毫無興趣的話題，才是沒禮貌。

「我對這種事沒興趣」「我現在不想講這個」，說這些話並不會導致雙方的好交情產生裂痕，並非兩個人興趣不同就不能來往，有可能對方有興趣、你沒興趣，也可能剛好相反。在這種狀態下還能維持關係的才是好朋友，或者說，戀情才能走得長長久久。

熟人之間說：「又在講這個，我已經不想聽了。」這句話的意思，並不是「我討厭你，我要走了」，正因為我們相信對方不會會錯意，所以才敢講出這句話。

能自然講出這句話，是因為我們真心喜歡對方的其他部分，對方也了解這一點，彼此互相信賴。

就算不是朋友而是情人，也不會因為說了「聽膩了」，或「我講過好幾遍，我已經不想聽你說這些了」，導致戀情破局。這些話的意思是「討厭話題」，而不是「討厭你」。

這些話的意思是我喜歡你，但我討厭這個話題。

能夠聽懂言外之意的人，也不會在人際關係中產生心理上的強烈緊張感。明確說出自己感受的人，通常內心並不任性。

很多沉默不語、心思細膩、玻璃心的人，內心反而相當固執己見、任性。謹慎、活在自己的世界裡，與不任性、不執著並不一定一致。

可以對熟人說「這個話題聽膩了」的人，心裡反而是不任性、不受我執綁架的。這種人或許不謹慎，卻懂得體諒他人。

簡單來講，在人際關係中不具備傳導能力的人，或許是對他人與自己的關係缺乏自信。或是對自己的生存方式沒有自信。「我就是這樣的人，這就是我的生存之道」「若無法與這樣的我來往，雖然遺憾但也不能勉強」，他們無法產生這樣的覺悟。

也就是能不能產生「我並不打算背叛自己來與你交往」的想法。

就像我前面提到的，具有強烈愛情飢餓感的人，無法有這種感受。由於無法有這種感受，所以他們會像我前面所說的一樣，誤解很多事情。

不存在「高尚」和「低俗」的標準

第三個誤解是「不高尚的人會被輕蔑、拋棄」，有這種感受的人恐怕是從小就被我執強烈、自尊心高的父母碎碎念、干涉過多的人。

人類並不會只因為高尚或低俗，就受到喜愛或被拋棄。雖然高尚是受到肯定的，但人類總有無法百分之百高尚的時候。努力成為高尚的人雖然是好事，但若認為不高尚的人會被輕蔑、拋棄，可就錯了。

世俗之人都有高尚的一面和低俗的一面，很少人是百分之百高尚或百分之百低俗。

高尚的自己不是真正的自己，低俗的自己也不是真正的自己。擁有高尚和低俗兩面的自己，才是真實的自己。容許自己處於這種狀態非常重要。

不同的時間、場合、氣氛及心情，會使自己變得偉大高尚，也可能相反。

即使是感情好的朋友，也會有不想談論高尚話題的時候。這種時候，直接講出來並不會破壞雙方關係。他只是單純在表示自己現在沒心情談那麼高尚的話題，不一定是對這個話題沒興趣。

這與我前面說過的一樣。他喜歡你這個人，只是現在沒心情談論如此高尚的話題。

謹慎、玻璃心且內心深處任性的人，不懂也不接受人的多面性。

他們會因為一件事就馬上對一個人先入為主。而且，並不是勉強談論高尚的話題，對方就會喜歡你。

心思細膩、玻璃心、任性的人，做太多無意義的努力。缺乏傳導能力是一件很嚴重的事。

而且他們無意義的努力是建立於多項誤解的基礎上。這種人相信只要說低俗的話，就會被當作是低俗的人。怯弱的倫理觀、欠缺彈性的倫理觀、不自由的倫理觀，擁有這種倫理觀的，就是我現在所提到的這種人——敏感、玻璃心、內向、講求倫理、我執強烈的人。

自由的人不會在別人講稍微有點低俗的話、拒談高尚話題時，就認定對方是低俗的人。

別再「假裝快樂」和「當好人」

克雷奇默表示，怯弱的倫理觀是敏感型性格的特徵之一。這也是使他們產生誤解的原因。他們誤以為缺乏倫理就會被輕蔑，因此過度講求倫理。

所以，他們以為說這種話會被鄙視、拒絕談論某個話題會被藐視、不投入這個話題會被蔑視、講話不正經會被輕視。過度小心翼翼的倫理觀背後，其實藏著自我藐視。

心理學家羅森堡（Rosenberg）指出，「假裝」是低自我評價的特徵之一，而敏感型性格的人會「裝出」比實際上更有倫理的樣子，而且他們不會意識到「裝模作樣」的自己。

因此，他們與別人在一起時，無法真正放鬆或感到開心。在可表達出喜惡的關係中，可以無拘無束、盡情放鬆，但他們很難與他人建立起這種關係。

即使做自己，也明白我們對別人而言是有意義的人，這才是在人際關係中充分具備傳導能力，也才是高自我評價。

即使無法符合他人的期待，也知道自己在對方心裡具有意義，這才是真正的親密關係。人際關係中存在著各種期待。希望別人在什麼場合下說什麼話、希望別人在特定場合下做什麼，多到不勝枚舉。然而，若是熟稔親近的人，即使不一一實現對方的期待，他人也不會心存芥蒂。

令孩子罹患心病的父母，他們的期待不是這樣。他們期待孩子有好成績、成為人人都稱讚的好孩子，若孩子能符合他們的期待，他們就會愛孩子。喜愛孩子順從自己的父母，表面上看起來是很棒的父母，其實是有問題的父母。

親密的人際關係不是這種關係。雖然了解別人對自己的期待，但自己無法達到別人的期待，卻不在意自己無法達到別人的期待。

美國心理學家西伯里說過：「期待天鵝發出悅耳的鳥鳴聲，是期待者的錯。」想聽到悅耳的鳥鳴聲，應該去期待夜鶯才對。我也有一樣的想法。所以在演講場合，我常常引用西伯里的這句話。

不過，在親密關係中，這種期待並不會引發問題。天鵝知道對方期待自己發出迷人的聲音。然而，天鵝知道自己是天鵝，不是夜鶯。天鵝知道自己只要當一隻天鵝就好，不必假裝是夜鶯。

天鵝知道即使自己不假裝是夜鶯，在對方心裡自己仍是有意義的，這就是親密關係。若不全面符合對方的期待，自己在對方心裡便失去意義，這種想法是自我藐視下的產物。

話說回來，對自己而言，對方並非有意義的人。但是，有人卻會把別人視為有意義的人。一旦自我藐視，就會忘了自己與別人擁有相同的人權。

自我藐視是指一個人認為如果自己沒有特別耀眼的優點，就不值得被他人所愛。不是大美女就不會被愛、沒有特別能力就不會被愛、沒有錢就不會被愛、不性感就不會被愛，有這種感覺的人，內心深處有著根深蒂固的自我藐視。

他們小時候恐怕經歷過不幸的親子關係，只要自己的表現沒有特別優異，就得不到愛。例如，父母常常拿他們與別人比較。他們為了得到父母的愛，便表現得特別溫順。

只要表現得特別溫順，就可以討好控制欲強、占有欲強的父母。孩子們透過特別順從，更強化了若不特別順從，就得不到愛的感受。

結果，這讓他們成為無法反抗別人期待的大人。拒絕熟人的邀約，無損於他對自己的親暱情感。

然而，自我藐視的人害怕自己若拒絕邀約，就會失去他人對自己的好感。「無法達到他人的期待」與「自己是不值得被愛的人」是兩回事。

2 這樣包紮「心裡的刺」

在職場人際關係中，一個人有沒有傳導能力，會影響到其面臨困境的態度，其人際關係的圓融度也天差地別。

假設同事或主管在公司對你說了不順耳的話，或是他們的態度對你不利，或是你以為主管會把某項工作交給你，但他卻把工作指派給其他同事。

這種時候，敏感型性格的人會深受打擊。他們會傷得比一般人更重，因為他們比一般人更敏銳、更容易受傷。

「請把這項工作交給我。」他們絕對說不出這種話。同事則可自在說出。既然別人都說了，他們也無力反對。

他們或許會說：「但這次輪到我了……」然而，只要別人一說：「哪有什麼順序啊！」他們就又閉嘴了。儘管他們不再吭聲，卻會因為這件事而傷得比一般人更重。他們的不甘心感也比一般人強。但主管卻無法理解敏感型性格者的不甘心。

正因如此，心思細膩的敏感型性格者會感到悔恨。他們會邊哭邊後悔：「為什麼只有我吃虧？」其實他們可以藉由向朋友抱怨來發洩不愉快的情緒，但是他們做不到。

如果當天晚上他們約朋友吃飯、一起臭罵主管和同事，或許就能讓心情變好。可是，敏感型性格者無法像一般人一樣說別人壞話。

就算他們說別人壞話，心情也不一定會變好，因為他們受的傷比一般人更重。

雖然主管或作為競爭對手的同事讓他們產生強烈的屈辱感，但他們難以說出自己所受到的傷害。

他們無法輕易忘記與別人對話的體驗。

這就是所謂的印象能力高、維持能力高。

怨念這個字正好可以表達出敏感型性格者的悔恨心情。

缺乏傳導能力的意思是，聚餐時也無法抱怨主管和同事。但是，他們確實覺得「對方是渾蛋」，想「殺了對方」。

缺乏傳導能力即無法表現出內心的攻擊性。無法表現出來與心裡沒有這種情緒完全是兩回事。

心裡有「想打人」「想殺人」的攻擊性，卻連一句抱怨都說不出口，表示缺乏傳導能力，印象能力卻很高。

內心有攻擊性，「想殺人」「想讓別人知道」這種心情，卻無法對任何人說，只能藏在心裡。

悶在心裡，一到夜晚就像不甘心的怨靈一樣躺在床上。怨恨的火焰讓他們失眠，悶悶不樂，難以入睡。

但是，隔天一進公司，又不自覺換上笑臉。內心早已化為怨靈，只有臉還是一副聖人君子的樣貌，恰如被動型攻擊（passive aggressive）所形容的。

具有攻擊性，卻採取被動立場。內心怨恨而以假面貌示人的人，基本上都是被動的，但他們被動得不夠澈底。

嘴上永遠掛著「我好恨啊」的日本幽靈，正好表現出了敏感型性格者悔恨的心情。澈底被動的人帶著怨恨，因為無法報復怨恨的對象而產生恨意。

說著「我好恨啊」的日本幽靈，就呈現了敏感型性格者的氣質。

讓我用幽靈的雙臂來比喻。他們並非完全顯露出攻擊性並感到暢快無比。他們只有雙手對外展現出攻擊性。這是萎縮的攻擊性。他們的嘴巴、單眼都在流血，且蓬頭垢面。

完全就是一副受重傷的樣貌。

他們的內心充滿憤恨，由於缺乏傳導能力，所以宣洩不了憎恨。克雷奇默稱之為抑留。

他們只能做到接受、保持體驗，卻無法整理體驗。正因如此，他們才會成為怨靈，帶著怨恨卻無法報復。

日本人常常把自己投射在像是源義經這樣的悲劇英雄身上，就是因為這份殘留在內心的悔恨吧。

努力傾訴負面情緒

克雷奇默針對敏感型性格提出了很好的註解，也就是他們基本上屬於無力型性格，但混和了一點強力型性格，而這些許的強力型性格刺激著無力型性格的核心。

日本人常說的「他很執著」不就是這種個性嗎？強力型性格的人，會與所有人衝突、抗爭，即使在戰鬥過程中輸了，仍舊感到痛快。

執著的人不敢勇敢迎戰人生的各種挑戰，包含人際關係。但他們卻不會因此而不憎恨、不憤怒。也因此，他們不是純粹無力型性格的人。

這就是極弱的強力型性格在刺激著無力型性格的核心。若能勇敢地正面迎戰，就不會怨恨一輩子。但他們無法勇敢正面迎擊，卻又無法完全被動地隨波逐流、任人擺布。

他們無法被動地任人擺布，卻也不正面保護自己的利益，為自己而戰。因此，他們總是在吃虧。

所以他們埋怨「我總是吃虧」。他們表面上寧靜祥和、不吵不鬧，內心卻早已是壯烈激昂的戰場。

他們身邊的人沒有察覺到他們內心強烈的糾葛。尤其強力型性格的人，更察覺不到這種內心的糾葛。

因為他們認為，若真的這麼不甘心，為什麼當下不清楚說出自己的想法？解讀方式的問題，其實是社會中各種人際關係衝突的核心。公司內部的人際關係問題，通常也起因於欠缺這一點認知。

心思細膩、敏感型性格者已經很努力說出自己的想法，但是他們的聲音太小了。他們拚命表達出內心的希望，但強力型性格的人卻認為他們根本沒努力。

強力型性格的人感受不到他們內心很渴望能「用那樣的方式說話」。因此，敏感型性格者會覺得「自己總是被踐踏」。

敏感型性格者身邊的人，大部分都無法理解他們內心的渴望。敏感型性格的人努力希望獲得別人的理解，但周圍的人卻「沒有察覺」。

他們身邊的人都認為他們是善良、溫和的人。他們的確善良、溫和、順從。

他們有同理心，會幫助別人，安慰他人的不幸。

然而，若只是這樣，無力型性格的人並不會出現什麼問題。不過，他們雖然內向、溫順，卻也同時具有刺激心靈核心的強力型性格。這兩種性格在心裡產生了極大的矛盾。

因此，他們身邊的人早就把「那件事」拋到九霄雲外，他們卻還惦記著。強烈的執著顯示出他們內心嚴重的矛盾。

但是，他們不會表現出來。他們無法藉由外在表現來緩和內心的緊張。他們無法在公司、同事及親朋好友的聚會上說：「我的決定果然是錯的。」

他們不能接受，卻裝作不在意。這就是無力型性格的弱點。但是，他們又不能像無力型的人一樣聽天由命，接受自己的決定，所以會心有不甘。

他們不能更大聲去反駁那些大聲主張自己想法的人，但又無法接受。由於他們容易受傷且難以療傷，所以只能獨自抑鬱寡歡。

深夜時分，他們獨自醒來，在心裡不斷提出相同主張，並感到不甘心。可是，由於他們不敢與別人正面衝突，所以永遠緩和不了內心的緊張。

這麼說或許有點怪，強力型性格的人能宣洩內心的強力性，但無力型性格的人無法宣洩內心的強力性。因此，他們會長期被不愉快的印象困住。

3 若自己懂了，別人也會懂

默默等大家理解自己內心渴望和憤怒的人是非常任性的。而不努力讓別人認識自己，卻埋怨沒有人了解自己的人，也是非常任性的。

我提過多次，我在這裡談論的並非精神病態型性格。雖然我借用了克雷奇默的專有名詞和概念，但我並非在同一個層次論述這些概念，我論述的出發點是一般上班族、主婦、學生如何打理好人際關係。

從思考精神病態型性格的敏感特質、旺盛特質的過程中，去檢討一般生活。我只是選擇從精神病態型性格的觀點去探討一般生活。

因此，本書並不是在進行心理學的定義。例如，敏感型性格指的是無法努力讓別人了解自己的性格。

總之，自認為是敏感型性格的人，請積極闡述自己內心的想法，讓身邊的人了解你。

請努力走出自己的殼。而且很重要的一點是，別人並不像你一樣看重同一件事，也沒有在責怪你。

努力讓別人了解你、請別人了解你絕非是一件沒禮貌的事。謹慎內向的人通常認為有這種要求是不禮貌的。

默默等待別人理解自己的敏感型性格者，只會把主導權交給別人。明明是自己的事，卻交由他人主導。

從溝通分析（transactional analysis）的角度來看，他們永遠難以跳脫犧牲者的立場。為什麼努力說明、讓別人了解自己的個性、感受、想法是不禮貌的呢？你不是有禮貌，而是膽小。

等待不會帶來任何改變。不要被動等待，必須用主動的心態去面對。

若等不到別人的理解，他們會開始習慣別人的不理解。因此他們必須永遠受煎熬。

你所認為的高尚、禮貌、優雅，或許只是懦弱的化身。懦弱只是戴上高尚的面具出現。

你或許認為默默等待別人理解比努力獲得別人理解更有價值。但這是相當任性的想法。

主動爭取比被動收穫更有價值。在大人的世界裡，等待是得不到理解的。尤其敏感型性格的人，身邊常常聚集利己主義者。

哀怨自己得不到理解，就會覺得自己是悲劇的主角。這種想法只會慢慢讓自己成為犧牲者。

不懂主動爭取得來之物的價值，是因為自己在鬧彆扭。若心態坦率，就能懂得主動爭取得來之物的價值。只要心態坦率，當你告訴別人「希望你這麼做」，就能懂得別人「這麼做」的價值。

敏感型性格的人常常忘了讓別人理解自己內心的重要性。首先，最重要的就是不要忘了尋求別人的理解。

健康的人知道「適可而止」

再者，我們也沒有必要被一般世俗倫理束縛。敏感型性格的人就是因為被倫理綁架，所以生病。他們奮力與自己實際的情緒搏鬥，沒有宣洩情緒的管道，永遠處於緊張的情緒中，並感到疲憊。

一般而言，自我克制對人類而言非常重要。然而，特別需要重視這項倫理的，是克雷奇默所說的原始型性格的人。缺乏情感維持能力、衝動的人，就屬於原始型性格。

我們可以不斷向原始型性格的人強調自我克制的倫理。「因材施教」就是這麼回事。反過來說，無論是多麼冠冕堂皇的話，我們也要判斷到底適不適合自己。當對方教自己做事、講道理，我們要判別他是否有因材施教。

敏感型性格的人恐怕常常碰到別人對自己說些莫名其妙的大道理。被別人莫名其妙地說教，然後默默接受，認真放在心上而陷入痛苦。

世上大多數的人都不會因材施教，他們只會得意洋洋地說著道理。尤其是非因材施教型的父母，更會讓敏感型性格的孩子變成一場悲劇。

大多非敏感型性格的人，都不會遭到非因材施教型的人的荼毒。因為只有怯弱、膽小、嚴肅的人才會全盤聽進別人的話。容易受影響的人，會遭到非因材施教型的人的迫害。

敏感型性格的人，過去受到太多人的負面影響。敏感型性格者容易受刺激、感受性非常強，也就是說，印象能力很高。而且當某種體驗進入他們的意識中，便沒有宣洩的出口，也就是維持能力較高。

由於此種性格上的缺點，所以別人不經意的話就能澈底擾亂他們的人生。不僅使他們遭遇重大失敗、選擇不適合自己的生存方式，也令他們在心理上遭受各種打擊。

由於他們太嚴肅和膽怯，所以把別人的話看得太認真，並過度自責。對你說一堆大道理的人，所說的話大部分都不是認真的，不值得你聽進去。

多嘴的人不必假惺惺地對謹慎懦弱的人說教。容易受影響的人，會把這些不經大腦的話全都聽進去，反而產生了被背叛的感受。

說白一點，一般人比身為敏感型性格者，也就是擁有敏銳感受和內心重視倫理等特質的人，活得更愜意隨興。

重視道德、膽怯的人表裡一致。但其實世界上很多人表裡並不一致。表裡一致、看重倫理的人，活在表裡不一致的社會人群中，肯定會受傷。而且，表裡不一致的人們，完全不知道有人如此看重嚴格的倫理規範。他們不懂你，你也不懂他們。彼此的不理解導致你永遠處於弱勢處境。總之，表裡不一致的人表面的言行舉止，深深影響了容易受影響的你。

因此第二重要的是，別人的話有幾分認真，你就聽進去幾分。不要太在意別人不負責任的發言。

在這世界上，有自責都是我的錯的敏感型性格者，也有什麼事都怪別人的旺盛型性格者。就像我前面說過的，也有不會因材施教的人。

因此敏感型性格者要重視的第三點是，不要對號入座。當別人指責你，若你是旺盛型性格，那還可能說得通，但也可能不是在說敏感型性格的你。

「自我形象」沒有那麼值得信賴

旺盛型性格和敏感型性格之間產生衝突時，馬上就能知道結果。這件事發生在一九七〇年代左右。我的一本著作不知道為什麼大受歡迎，新聞、週刊、電視、電台等媒體爭相報導，在那個年代形成一股旋風。

書紅了之後，常常有人冒用我的名字。我完全不認識的人變成了我的朋友，我變成了自己從未見過、聽過的團體的支持者。

當時，有一場約四十人的集會。我忘了是在宣傳單還是手冊上，總之有某團體宣稱我是他們的支持者。

當然，我根本沒聽過，也不知道這個團體。我與該團體毫無關係。我只是個名字遭到冒用的被害者。

然而，在這場集會上，有人說：「名字被冒用是你的責任。」我還記得，當時我還真的覺得名字被冒用是因為我讓別人覺得可以用、是我的疏忽、是我沒有多加嚴防、是我的錯並道歉。

別人指責我說，名字遭到冒用，錯在我過於輕率，令人有機可趁。我道歉並期待有人能說：「哪有這種歪理！」但沒有人替我說話。

我是旺盛型性格還是敏感型性格？當然是敏感型性格。因此，我懂得那些將一切錯誤攬在身上並自責的人是怎樣的心情。因此，我了解敏感型性格的人會如何解讀別人的責備、最後如何變得憂鬱，並莫名感到不安、焦躁。

簡單來講，敏感型性格的人，不要這麼自責，反而應該留意不要為自己的弱點戴上認真的假面具。

一旦替自己的脆弱戴上假面具並正當化自己的行為，就無法克服自己的脆弱。由於脆弱，所以你會把別人的玩笑話、不負責任的話當真。

一旦當真，就會不甘心遭到背叛、面臨不幸遭遇。

以前我曾經和別人合作寫一本書。出版社告訴我截稿日期是○月○日。那時我才二十幾歲，對出版界也不熟。我為了趕上截稿日交稿，做了一個很大的犧牲。

然而，這本書卻拖了將近一年才出版。

總之，有很多人沒如期交稿。我深深地感到被背叛了。

出版社的員工與各種人接觸，有敏感型性格者，也有原始型性格者。他們將截稿日期訂在○月○日，這其實是隨口說說的日期，然而，我卻當真，為了遵守期限而做出某種犧牲。

將截稿日期訂在○月○日的編輯，也可能是旺盛型性格或強力型性格。個性不同，決定截稿日時到底多認真也不一樣。總之，世界上存在著各種個性的人。由於敏感型性格的人行動前，會假定其他人的個性都跟自己一樣，因此會產生被背叛的感覺。

不僅要因材施教，需不需要遵守截稿日也要因人而異，世界上大多事情，都要依人改變行動。

如果當時的我懂得這個道理，我就會跟編輯說太忙了，沒辦法準時交稿。這樣就不會因為比別人早交稿而感到被欺騙，而且可能早就把這本書忘得一乾二淨了吧。

當時我若了解自己，就能了解編輯的個性，以及與我合寫書的人的個性吧。如此一來，我就會知道他們個性鬆散，根本不會遵守截稿日期，編輯們也是隨口說一個截稿日而已。

知己知彼。不了解自己的人，會以為所有人都跟自己一樣。不了解自己的作者，會將冷漠、狡猾的編輯和善良的編輯，看作是一樣的編輯。

而不了解自己的編輯，也會把自私的作者和為他人著想的作者，當作是一樣的作者。不斷轉話題、八面玲瓏的人，就是因為不了解自己，才會變得八面玲瓏。

若大部分的人都了解自己也了解別人，世界上就不會發生背叛、被背叛的人際關係問題。不了解對方的真實個性或不想了解，就主觀認定對方是怎樣的人，並依照自己主觀的認定與對方相處，才會引發各種問題。

4 切割「你」和「我」的方法

不甘心到失眠。吃了不想吃的安眠藥，依然睡不著。感受到他人的排擠而不愉快。有人亂散播無憑無據的謠言，不可原諒。恨某個人恨到殺他幾次都不夠。胡思亂想，想忘卻忘不了。心被別人綁架。

很多人在這種人際關係中，心裡受傷卻無法痊癒，並逐漸崩潰。為什麼有人總是如此痛苦、煩惱？

西伯里認為，煩惱的原因在於「自己已經不是自己」。由於不能做自己，所以不如變成惡魔。

你或許會覺得這句話太激進，但其他偉人們也說過相同意旨的話。

「堅持做自己是人類真正的使命（1）。」

堅持做自己可以帶來什麼？可以除去「卡在喉嚨的魚刺」，也就是不再害怕別人的眼光，並從平靜中獲得正能量來治癒心傷。這或許需要很長時間，但我們會澈底恢復健康。堅持做自己，可以避免罹患精神官能症，真正變得活力十足。也可讓憂鬱的人看見微光。

「人活著不是為了幸福，而是為了成就自己的命運」。

這是我年輕時，在羅曼・羅蘭（**Romain Rolland**）的小說《約翰・克利斯朵夫》（*Jean-Christophe*）中看到的一句話。

若人能夠「成就自己的命運」，最後就會變得幸福。

若以幸福為絕對優先考量，就會有很多人絕望。由於不幸福，所以開始自暴自棄。

若以幸福為絕對優先考量，就會只剩下「貪婪心」，這個也想要、那個也想要。

人生的絕對優先事項，是「做自己」。做自己的人所追求的事物，與不能做自己的人所追求的完全不同。

總之，做自己是人類最重要的使命，也是讓我們從痛苦中解脫的方法。

因此，無論是親子、伴侶，我們都應該離開不允許我們做自己的人。

這是「不讓自己的人生失去意義的絕對法則」。

佛洛伊德說：「麻藥應負起責任，因為它讓我們白白失去有助於改善人類命運的大量精力（2）。」

不是在做自己的狀態下所做的努力，形同麻醉劑，使人們把珍貴的精力浪費在無意義的事物上。

做自己，才能產生自我肯定感和成長的欲望。

心理學家大衛・西伯里有一本書的書名，直接翻譯過來是「利己主義的方法」（《自私的藝術：50個突破關係困境的自私箴言，告別情緒勒索與道德綁架，就算做自己也不感到內疚》（大牌出版））。西伯里所說的「利己主義的方法」其實就是「愛自己的方法」。

這是如何從情緒綁架中解脫，不再想要討好他人的方法。

只有看重自己的人，才會看重別人。

只有接納自己的人，才會接納別人。

不愛自己的人也不懂得愛別人。

「只有在自己的能力範圍內活得快樂，才能盡到對別人的義務（3）。」

看了本書，就能了解西伯里所說的利己主義是什麼意思。不是為所欲為，也不是以自我為中心，而是能真正與他人心靈相通。如此，才會湧現生存能量。這是解決所有人生課題的根本之道。

人與人之間能做到真正的溝通，是解決人生各種問題的方法。

有意志的人會傾聽對方說話，卻不會去迎合，這類人沒有攻擊性不安。沒有意志的人不會傾聽對方說話，卻會迎合。這類人是被攻擊性不安纏住的。

我年輕時，遊訪世界各地，想尋找「真相是什麼？」我走訪美國、亞洲、歐洲，從基督教文化圈探訪至伊斯蘭教文化圈，甚至去了喜馬拉雅山。

其實，真相就在自己心中。

利己主義這個詞很可能會引起誤解，但西伯里所說的利己主義是健康的利己主義。健康的利己主義是自我本位主義，不是以自我為中心。

「硬撐」的害處

佛洛姆使用精神官能性無私主義（neurotic unselfishness）這個詞，這是一種精神官能症的症狀。

會說出「只要你好就好，我無所謂」這種話的人，可以在他們身上看見這種症狀。會說這種話的人，內心充滿憎恨。

所以會說這種話的母親會把孩子搞瘋。

會說這種話的女性會讓男性失去理智。眾多男女中了這句話的圈套，白白浪費一生。

聽到這句話的男女，心想哪有這麼便宜的事。

被這句狡猾話語所騙的男女，則白白浪費自己的一生。

精神官能性無私主義最大的問題在於失去生命的能量。他們不過是拚命消耗能量罷了。

因為他們的本性是利己主義者，卻假裝無私，所以相當疲憊。實則他們的內心產生了憎恨。

失去生命的能量，就會成為別人的負擔。

佛洛姆所說的精神官能性無私主義是沒有愛的。這類人經常要求別人回饋，然而，他們得不到自己要的，所以他們不甘心。

當人勉強自己當好人，就會變得討厭對方。由於他們做了自己不想做的事，所以不開心、不甘心。

但是，他們無法直接表現出「不甘心、厭惡」的情緒。他們忍著不甘心的情緒，然後陷入憂鬱。

這麼一來，他們每天都活得不開心。他們會開始間接表達厭惡和不甘心的情緒，例如，每天吹噓自己的悲慘遭遇、逢人必談自己每天有多辛苦。

若是真心「為別人好」，出自愛而對別人好，就會愈來愈喜歡對方。

也就是說，只要觀察一個人行動後的情緒，就能判別他的行為是真親切還是精神官能性無私主義的親切。

他會變得神采奕奕，還是吞忍不甘心的情緒並變得憂鬱？

例如，觀察一個人禮讓後的情緒，就可知道這個禮讓行為是否出自真心。有的人是因為害怕被討厭才禮讓，但他們因得不到自己期待的東西而感到不甘，最後開始討厭對方。他們無法表現出厭惡的情感，所以開始憂鬱。

精神官能性無私主義會像這樣，弱化「自己內心的力量」。所以就像佛洛姆所指出的，與精神官能性無私主義相關的症狀包括憂鬱、疲勞、缺乏工作能力、失敗的戀愛關係（4）。

精神官能性無私主義者也為這些症狀所苦。總之，他們感到不甘心和苦惱。他們努力，並消耗精力。而自我執著性的貼心舉動，正是現代人的特徵之一。

若精神官能性無私主義是指有毒的、無生產力的好人，那可以激勵他人和自己、有生產力的好人就是健康的利己主義。

我們應該用行為的動機而非行為來判斷精神官能症。迎合他人的無私主義並不是「想要愛別人」，而是合理化自己的軟弱。

自己的依賴心導致他們無法離婚。在意別人的眼光，所以無法離婚。害怕被當作利己主義者，所以離不了婚。然而，他們卻會說：「為了孩子，所以不離婚。」

在這種狀況下，母親會厭惡孩子，並認為自己是好媽媽。

有些人「只有在宛如失去自我的狀態下，才能找到安居之地」(5)。

他們覺得真正的自己沒有價值。他們對自己感到失望。但他們本人也會察覺這種失望感是錯的，也會發現失望的原因並非自己，而是父母的自卑感。

治療是指找出「決定性真相」（crucial truths）。

「察覺加諸在自己身上的負面暗示，才能展開治療(6)。」

「做自己」，透過這句西伯里的話，從迷惘中走出來，別人的眼光就不再那麼重要。別人貶低你、拒絕你，都不會影響你的情緒。

我們應該告別不甘心的情緒，遠離自己拚命想去討好的人，重新生活，為自己的人生帶來意義。若放棄做自己，就算每年中樂透，人生照樣會走向毀滅。

你要放棄做自己、對自己絕望，還是做自己、對自己感到驕傲？決定權在你手上。

羅洛・梅說：「意志從對立中產生。」

「不用說別人也會了解」是很天真的想法

心理上的獨立是指「了解自己與他人的差異」。不要去模仿同事的人生。在了解自己、了解同事，理解彼此的差異下相處。

了解彼此的差異是指「你了解可以向對方要求到什麼程度」。

也就是，什麼狀況下你必須靠自己。

或者，也是指你明白「要別人深入了解自己是很任性的想法」。反過來講，這種行為也是「努力讓別人深入了解自己」。

若心理上不獨立，就會持續產生強迫性的想法，「希望別人這樣解釋我的行為」。「希望別人這樣解釋」的背後，其實藏著「所以我希望你這樣對我」的欲望和要求。

因此，與心理不獨立的人交往會很鬱悶。即使對方什麼都不說，你也能感受到對方的要求。沒來由的感到束縛、不自由。

他們的另一半感到束縛，而心理不獨立的人本身也不自由。因為一旦產生「希望別人這樣看自己」「希望別人這樣對自己」的欲望，就不得不迎合對方。

簡單來講，若一個人想得到保護，心理上就無法自由。只要一個人必須受到保護，就不得不討好對方。若你想求得主管和同事的保護、希望他們認同這樣的自己，就無法活得淡泊平和，總是會感到不滿。

在《「憎恨」的心裡》（「『うらみ』の心理」，鄉古英男，大日本圖書）這本書中，列出下列三個「憎恨」的根本要素。

①不滿別人的態度、②難以表現出自己的不滿、③無法推測對方的情緒，總是鑽牛角尖、觀察對方的心意和態度。

的確如此，但這是當事人的主觀心理過程。不滿別人的態度，當然會心生怨恨。

然而這個時候，第三者有可能認為別人的態度不妥，也可能不這麼認為。

當事人若心理不獨立、若對方不以自己的方式解釋或認同自己，就會擅自認為對方的態度不妥。並且，由於是敏感型性格，受傷了卻無法表現出來或以牙還牙，因此，他們永遠放不下不滿、憤怒、仇恨，最後這些情緒轉變為憎恨，積在心裡。

就像這樣，情感上的混亂使他們在主管和同事間碰壁。

有婆媳問題的女性們也是如此。由於無法直接還以對方顏色，所以只能暗地扯人後腿。

想要暢快活著，心理上的獨立相當重要。

可以堅定說出「我反對」的那一天

聽對方的話、照對方的方式做，在對方的保護下活著非常輕鬆。然而，這種生存方式會令人永遠無法在心理上獨立。對對方百依百順，也得不到對方的尊敬或重視，只會被看輕、瞧不起。

想在社會中活得暢快，「觀人」是必要能力。世界上的人遠比敏感型性格的人所想的更心地善良。

反過來，也遠比敏感型性格的人所想的更膽怯。

意思是，敏感型性格的人傾向於將所有人視為一同。因此他們用同樣的方式對待對他好的人和利用他的人。他們就是這樣把所有人一視同仁。

我剛剛提過，他們會把別人的話看得太認真，而第二重要的事就是，不能迴避向他人表達「自己」，要告訴別人「自己」的想法、「自己」的感受。

我知道這很難做到。我自己成年後，也難以在別人面前說出「自己」的想法。

我還記得自己能確實說出「我」反對的那一天，是關於一件人事案。我本來就是無法確實表達「自己」意見的軟弱性格，因此更不想在牽扯到個人情緒的人事案中當壞人，所以很難清楚說出自己的意見。

然而，當時我努力想要改變自己的軟弱性格。過去的我常常把自己的想法大眾化，這是軟弱者共通的表達方式。

透過「大部分在這裡上班的人」「昭和年代出生的人」「大部分男性」等，將自己的意見大眾化。

軟弱的人即使是「自己」反對，也會說「他也反對」。像這樣迴避說出自己的意見，把自己的意見和要求大眾化，到最後自己的想法就會變得不清不楚，好像真的什麼都可以接受。

他們常常說：「大家都想要吧！」他們絕對不會說：「我想要！」

當別人問起：「你要哪一個？」他會回答：「都可以。」

當別人問：「要選哪家餐廳？」軟弱的人會說：「他說那一家餐廳不錯。」在沒有將自己的意見、要求、願望大眾化的狀況下，就會使用第三者的立場來表達。

正如我剛剛所說，即使「自己」反對，也會先說是「他」的反對意見。他們不會提到「自己」，而是期待大家都能如自己所願共同反對。

例如，我們可以說「他」跟「我」一樣都反對，以「他也」的說法來支持自己的意見。然而，懦弱者不提「我」，只說「他」，將總結出來的意見，歸責在「他」身上。

一旦形成這種生活態度，就無法活得暢快，永遠都在怨恨別人。

尤其是人事升遷案，由於人們不想被有爭議的人怨恨，所以不會大方說出自己的意見。

雖然嘴巴不說，但心裡卻想「他憑什麼升官」，想著「他業績又沒多好」。然而，若在正式會議上說出這些話，肯定會被當事者怨恨。

由於不想被怨恨，所以不在公共場合表達自己的意見，最後卻在背地裡說人壞話。日本社會之所以充斥著流言蜚語，正是因為人們的軟弱。

採取「大部分女性」「他」「他應該也是」的表達方式，不在公眾面前說出自己的想法，導致有這麼多人暗中說別人壞話。

表達自己的意見、讓意見通過表決，就表示自己要負責。這太可怕了！但是，若能在重要場合中清楚表達自己的意見，當自己的意見被採納，整個世界都會變得不一樣。不，自己也會有所不同。自己的內心也會激盪出變化。

當你開始說出自己的意見，你就會明白，過去的自己將披上一副強硬的盔甲，來保護軟弱的自己。

當你長期在生活中把軟弱當武器，就會開始深信自己必須軟弱才得以生存。就會想要表現出自己的軟弱、順從以獲得保護。

我們應該丟掉「必須軟弱才得以生存」的執念。一旦長期表現自己的軟弱、博取他人同情、不願承擔責任，就會認為除此之外沒有其他生存方式。

堅強也能生存，你也可以變堅強。

軟弱的生存方式就是永遠依附別人，在心理上、生活上都需要別人的照顧。

而就像我多次說過的，若無法如願，就會憎恨對方。

他們想博得同情，若得不到就會心生怨恨。正如溝通分析學者穆里爾・詹姆士（Muriel James）所述，憎恨是讓別人抱有罪惡感，因此在這種狀況下，也只會被動地救贖自己。

永遠都只想透過旁人的情緒來消除自己人生中的痛苦。等待對方因罪惡感而改變對自己的態度。這是一種從頭到尾澈底依賴他人的生存方式。

第四章

輕盈的生活方式

——放慢腳步，就能看到美景

1 沒有任何事是「無法挽回的」

有憂鬱症傾向的人最難以忍受的絕對是失去。因為擁有和失去會打亂他們的心緒。占有欲愈強，就愈難以忍受失去。

外匯投資賠錢、股票投資賠錢對當事者帶來的影響，是依當事者的欲望性質而異。常常有家庭主婦因為玩股票而自殺。自殺的家庭主婦特別看重利益。

自殺的主婦，其自我幾乎全部都與金錢有關。若自殺的主婦是音樂愛好者，情況又會如何呢？如果她喜歡古典音樂，則可以藉由聽古典音樂，治癒虧損的痛苦。她或許會想自己怎麼那麼笨，如果沒有賠掉這些錢，都不知道可以聽幾場美妙的音樂會了。

聽自己喜歡的指揮家指揮管絃樂團的演奏，心靈一定會得到撫慰。反省自己哪裡做錯了、做了哪些不像自己會做的事。

然而，自殺的主婦不會這麼想。她的人生目標是金錢。假如金錢是讓人得到自己心愛之物的手段，就一定會被逼入自殺一途。

由於金錢成了人生目標，所以才無法忍受財富上的損失。正因為失去了作為人生目標的金錢，才會不斷執著於「那時候如果沒那樣做就好了」。

她之所以不停懊悔，是因為虧損的錢已經回不來了。

人生有「無法挽回的」失敗。但是，大部分「無法挽回的」失敗，不過是因為當事者的看法才會變成那樣。

把財產視為一切價值的人，認為巨額的金錢損失是「無法挽回的」失敗。然而，不把財產當作一切價值的人，便不會認為外匯或股市中的虧損是「無法挽回的」失敗。

有人平淡地說「人生就是這樣」，但執著於資產獲得和所有的人，卻會哀怨一輩子。當人們一起投入一個事業，失敗後，該失敗對每個人所帶來的意義、心理影響大不相同。

我認為日本人對擁有自己的房子這件事異常執著。

同時，我們也很害怕被當作是吝嗇鬼。這其實是因為我們是貪心又小氣的人。說貪心或小氣會令人覺得不舒服，但總之這都是憂鬱症傾向的表現。

在意財產，把資產的獲得和所有當作是人生目標，恰恰顯示出內心的貧困。

心靈富足不是指占有，而是去體驗。擁有豪宅的人，在經濟上是富有的。然而，若不能欣賞豪宅美好之處，則是心靈貧乏的人。能在春天欣賞春日的綠意盎然、在秋天觀賞落葉的人，是能坐擁豪宅且心靈富足的人。

其實若心靈富足，也不必有房子，只要用租的就夠了。但是，有些人就是把房子當作是唯一價值。

異常執著於擁有的人，必須反省自己內心有什麼弱點。此外，日本人也很愛存錢。比其他國家的國民更愛存錢。

將房產和存錢的價值看得異常高的國民，心理上一定有病，而且他們會牢牢抓住屬於自己的東西不放，免得失去。

只要去翻閱自民黨*的機關出版品，就能發現內文多次以「繁榮」作為口號。看得出有多麼想展現「繁榮」的魅力。

對於這樣的我們而言，失去是一件痛苦的事。獲得或損失，難免悲喜交加。

我認為人類內心愈空虛，對財富和資產的擁有就愈執著。這些東西讓我們得以逃避內心的空虛。

當然，當事者通常不會意識到這一點，也就是他們壓抑著自己的空虛感。而他們之所以會瘋狂攻擊別人人生的空虛，是因為他們把被自己壓抑的空虛感，投射在別人身上。

為什麼自己會被那顆石頭絆倒？

被稱作是憂鬱症病前性格的執著型性格，相當在意別人對自己的肯定。憂鬱型的人也會因害怕他人的拒絕而表現出善意。

總之，這些人是為了別人而存在。他們無法為自己存在。在迎合他人的過程中，他們必須犧牲自己。

*註：日本自由民主黨的簡稱，成立於一九五五年，是目前日本政壇最大黨。

例如，一開始是為了得到母親的保護而迎合母親。長大後則是為了讓周遭的人對自己留下好印象，而犧牲自己內在的需求。

這麼做雖然能適應外界，但內心卻無法適應。也就是自我不存在，並由此產生空虛感。由於空虛感，所以讓擁有產生了意義。因此，憂鬱症患者除了得不到別人的好感就會不滿之外，也具備「執著於擁有」的特徵。

親人死亡是憂鬱症發病的誘因之一。確實如此。然而，對於憂鬱症患者而言，孩子死亡並不意味著愛子死亡，而是失去自己的東西。

就某種意義而言，財富與資產的獲得與擁有，或許也是壓抑空虛感的行為。因此我發現，即使擁有再多資產，也無法消除自己內心深處的焦慮和空虛感。

且不僅是經濟上的損失，有些人還會長期困在不愉快的感受中。這就是敏感型性格的人。前面說過，他們會走不出損失的陰霾、在意自己所擁有的東西，除此之外，只要遭受一點小挫折，就會相當在意、覺得受傷，久久無法忘懷。

克雷奇默《新敏感性關係妄想》一書中，有一位女性叫做海倫娜•雷（Helene Renner）。

她從小就比別人更敏感，成績優異，屬於努力型的人。有一次她因為在學校的名次退步而傷心不已。

有些小學生完全不在意名次，有的孩子雖然在意，但很快就忘了。然而，也有像海倫娜一樣，久久無法忘懷的小孩。

對敏感型性格的人而言，明白只有自己把事情想得很不開心很重要。即使不是虧錢或成績退步這種事也一樣。

敏感型性格者把注意力放在失敗上，無法轉移注意力。他們被失敗所帶來的不愉快感受困住，為此感到受傷、痛苦。

然後，出現弗蘭克所說的「期待不安」的問題。預設失敗場面，被不安的緊張感襲擊。

然而，其他人其實早已忘了失敗。也就是說，只有他們自己心裡覺得不愉快而已。不要忘了，他們之所以會困在不愉快的感受中、久久無法忘懷，原因就出在他們自己的內心。

前面提到的海倫娜，也是她自己將自己困在名次退步的陰影中。旁人並不會因此改變對她的看法、也根本不在意，就算當下在意過，也一定很快就忘了。

她的問題，源自於她不能忍受自己在學校不是第一名。

若無法忍受自己不是第一名，當然會傷心不已。

蒙受經濟損失、走不出陰霾，不斷哀怨「如果那時候沒那樣做，就可以討回失去的東西了」，會這麼想的人做任何事，只要沒賺到一〇〇％就不會滿意。

「一般人可以平心靜氣地通過那條路幾百次，但敏感的人一開始的心態就不平衡，導致自己絆到石頭。」（《新敏感性關係妄想》）

就算絆到石頭摔倒了，也不是石頭的錯。有的人絆到石頭但不會摔倒，有的人跌倒了也能立刻忘掉。其中，也有人不會絆到石頭。

一顆石頭對自己的人生有多大的影響力，要看一個人內心的不安和矛盾而定。

嬰兒哭著求父母關心時，是具有攻擊性的。同理，憂鬱症的人為了尋求旁人的愛，也會變得有攻擊性。

憂鬱症患者說「活著好痛苦！」時，就像嬰兒在哭泣。

憂鬱症患者所說的「活著好痛苦！」是嬰兒的哭聲，這是隱形的攻擊。哀嘆「好痛苦、好痛苦」時，並不是真的在喊苦，而是想要被愛。

他們說的是「多關心我一點」「更重視我一些」。

若憂鬱症患者可以向旁人表現直接的攻擊，就能走出一條康莊大道。若能直接、面對面大喊：「你這是什麼態度！」就能發現解決問題的線索。憂鬱症患者就會在當下找到自己，在當下察覺自己難以救贖的依賴心和不安，發現自己一邊向旁人求助，一邊攻擊他們。

他們會發現自己是不安的，而且自己的不安帶著攻擊性。他們會察覺自己是由於攻擊性的不安而求助。若承認自己需要力量，就能走出來。

幼童從幼稚園逃跑後，老師必須去追。

幼童是因為想被老師追才逃跑。

有一種逃跑是為了攻擊。前面提過的阿德勒使用過攻擊性不安這個詞，但不安的人並不會發現不安中藏著攻擊性。

敏感型性格者的不安，完全就是阿德勒所說的攻擊性不安。

人為什麼要尋求力量？最重要的原因之一就是攻擊性不安。很少人會在自己不安時，發現自己變得有攻擊性。

變身成煩惱的攻擊性會尋求力量。阿德勒表示，對力量產生渴望的重要原因之一，是攻擊性的煩惱（1）。誠如阿德勒所說，對力量的渴望巧妙地隱藏在攻擊性的煩惱中。因此，對敏感型性格的人而言，很重要的一點是拓展視野。

不要認為「我要變強」。做自己就好。

價值是多元的。「強就是好」的觀點只是眾多觀點的其中之一。透過拓展視野，克服敏感型性格。敏感型性格的人若能察覺自己的不安，發現自己在暗地裡追求優越感、尋求力量，就能得到救贖。

他們之所以會異常在意「別人如何看自己」，是因為在謹慎謙卑的態度背後，其實在尋求優越感、追求力量。

我在前面（2）提過，別人對自己沒有特別的想法，卻很在意「別人如何看自己」的人，內心深處藏著希望得到他人特殊待遇的欲望，這裡說的也是相同的意義。

敏感型性格的人哀嘆「不甘心！」的背後目的，其實是對優越的渴望。他們行動的目的不是與他人合作，而是為了比別人優越。他們的內心藏著對優越的渴望、對力量的渴望，而且通常得不到滿足。

旺盛型性格的人會大喊：「不甘心！」將不滿發洩出來。這與嬰兒哭鬧、變得有攻擊性，尋求協助是一樣的。

然而，敏感型性格者不會把「不甘心！」爆發出來。他們會壓抑在內心深處。小孩「嚎啕」哭鬧是因為不知所措，因為他們不知道自己想要什麼。他們其實是在叫人：「幫幫我！」

敏感型性格的人不知如何是好，並在心裡大喊：「幫幫我！」但是，由於他們隱藏自己，因此得不到幫助。

他們把自己藏起來，想要變幸福，卻不知道該做什麼。

了解自己的人，努力可以得到成果；不了解自己的人，努力也是白費。

敏感型性格的人如果能察覺自己的忌妒心，就能得到救贖。

忌妒心強的人根本不關心其他人事物，他們只在意有沒有比別人優越。完全只關心「我領先或別人領先（Ahead or not）」。

他們不承認自己的野心，然而，也不承認別人更優秀。他們想要比別人占上風，卻無法如願。

因此，除了扯別人後腿，他們別無其他生存方法，而超越別人變成他們唯一的快樂來源。他們想要凌駕於他人之上，若他人凌駕於自己之上，就會不高興。

由於敏感型性格的人很想贏過別人，所以一心拿自己與別人比較。他們在所得、地位、名聲等「表面」的層次與別人比較。

他們並不是真的羨慕幸福的人。別人過得優雅、寬裕。他們並不羨慕。

他們拿自己與別人進行「強迫性的比較」，是因為想要比別人好的自卑感以及不允許別人過得更好的憎恨心態作祟。然而，他們沒有察覺自己的自卑感和憎恨。

他們不僅想凌駕於他人之上，也希望別人承認他們更優秀，因此會讓衝突升溫。若對方也想占上風，並希望你承認他更優秀，就不可能承認你比較優秀。彼此之間明明不可能承認對方比自己強，卻還想讓對方承認你比較優秀，就會加深齟齬。

一旦如此，你就會變得太在意對方。是否贏或輸給了他、他是否瞧不起自己，你會開始把這些小事看得太過重要。

溝通分析將慢性且定型化的不愉快感覺稱為「扭曲的感覺」（racket feelings）。例如，誇大慘況、啜泣或失望地大嘆一口氣、擺出憂鬱的表情，藉此讓對方產生罪惡感，讓對方照自己的想法行動。扭曲的感覺中也藏著改變他人的意圖。這種扭曲的感覺就是阿德勒所說的「社會性表現攻擊」。

在溝通分析中，也將扭曲的感覺稱為「心靈的黑手黨」。完全就像阿德勒所說的一樣流露出攻擊性。

身體發熱是生病的症狀，煩惱則是心靈有問題的症狀。

若你現在有煩惱，就代表你正在追求心靈的轉變。煩惱是讓人生變得更有意義的機會。

敏感型性格的不甘心是慢性的不快情緒。敏感型性格的人不甘心且活得很痛苦。他們用這種態度表現攻擊性。「我如此痛苦」的煩惱，流露出攻擊性，同時也追求著優越感。然而，他們內心深處缺乏自信。

心理健康的人若看到煩惱的人，會認為這個人離群活在自己的煩惱中。其實煩惱的人與其周遭的世界息息相關。

他們心裡想：「我不甘心！我討厭你們！」但卻不會遠離那群人。他們反而會黏著那群人不放。他們的寫照是：「我不甘心。我討厭你們。但是，沒有你們我活不下去。」

阿德勒表示，攻擊性不安是讓人想尋求協助的主因。而且，被藏得最好的也是攻擊性不安（3）。他們尋求協助的方式與政治家明目張膽地進行權力鬥爭不同。他們最瞧不起政治家追求權力的嘴臉。

其實敏感型性格的人是無意識地在尋求力量。正如我前面所說，他們是膽小的野心家。只要他們自己沒察覺這一點，就永遠無法安心。

西伯里說：「當你有煩惱，通常是因為你心裡在迴避一件很重要的事實。這個重要的事實，會不斷讓你想要改變自己（4）。」

敏感型性格者的重要事實就是「尋求力量」，並且希望獲得他人積極的關心。

敏感型性格的人若想擁有充實的人生，就要「改變所追求的事物」。敏感型性格的人沒有心靈相通的「真心朋友」。他們缺乏「夥伴」意識。

壓抑著不甘心和憤怒的不是權力，而是「我有朋友」的感覺。

不甘心所代表的是被隱藏的憤怒，對於未獲得滿足的力量，表現出間接的渴望，也是慢性的不愉快情緒。

2 當你不再有「講求完美的症狀」

母親可以為孩子打造人生的基礎，但這是情緒成熟的母親才能做到的。情緒成熟的母親懂得愛孩子，並為他們建立人生的基礎。

然而，情緒不成熟的母親不僅無法為孩子打造人生基礎，還會妨礙孩子本身的努力。打造人生基礎是指等待孩子成長。若能等待孩子自然成長，孩子自然能建立起人生的基礎。但是，情緒不成熟的母親無法等待孩子自然成長。不，我們應該說無法等待孩子自然成長的母親，是情緒不成熟的。這種母親看到孩子自然的模樣會感到焦躁。

孩子就是孩子，孩子是不完美的。心理不成熟的母親，無法忍受孩子不完美。完美的孩子不是自然的孩子。母親強迫孩子成為「理想的」模樣，並且焦慮不已。自然成長的孩子與被揠苗助長的孩子絕對不一樣。

陷入完美主義、焦慮不安的孩子，是沒有經過自然成長的孩子。不安的完美主義者是受到揠苗助長、逐漸殺死自己內在本質的人。

提到了完美主義，可能有人會誤解這個詞的意思，因此比較恰當的說法應該是完美成癮症。他們就像毒癮者一樣，是完美成癮者。就像酒精成癮患者戒酒會焦慮，完美成癮患者只要不完美就會焦慮不安。

實際上，美國有一本書叫做《完美成癮症》〔*Addiction to Perfection*，瑪麗恩・伍德曼（**Marion Woodman**）〕。致力於完美、態度積極的人，與完美成癮症患者不同。

致力於完美、態度積極的人夠堅強，足以忍耐不完美。完美成癮症患者是指缺乏足夠心理強度來忍受不完美的人。他們的心理強度較一般人弱，也較依賴。

無法忍受現實的人會依賴酒精或完美。我們現在先聚焦在依賴完美方面。

在兒童時期，母親等待他們自然成長的人，由於建立起生存的基礎，所以不依賴完美也可以活得很好。因為他們的心裡存在著自己可依賴的事物。

沒有得到母親耐心等待自己自然成長的人，內心沒有生存的基礎，且不喜歡自己內心的本質。自己的身體是自己的敵人。因為自己的身體是不完美的。身體會疲倦、生病。身體不可能永遠健康。

然而，完美成癮症患者無法忍受疲憊的身體、疾病等。不能疲倦、不能生病，而且無法接受疲倦和生病。憂鬱症患者即使累了也無法停下工作，就是因為完美成癮症。

累的時候懂得放慢腳步、好好休息的人，沒有完美成癮症。他們會接受人類的天性。

然而，小時候父母不認同他們本質的人，無法接受自己工作會累的天性。

認為自己要工作、必須更認真工作、非得更努力工作的人，是完美成癮症患者。自己的身體不應該因為一點小事就疲倦。只要一感到累，就覺得必須把身體鍛鍊得更強的人，是完美成癮症患者。不斷努力把自己鍛鍊得更棒的人，是完美成癮症患者；認為人類工作累了就要休息的人，是心態積極的人。

小時候做任何事都「被逼」的人，活得相當緊繃。他們經歷出生、死亡，卻從來沒活過。

自小一直被父母催促的人，不相信別人會願意等待自己自然成長。他們無法依賴願意等待的人，對於別人的等待無法感到安心。

自小總是被父母催促的人，長大後與他人相處時，也會被自己的內心催促著。透過與他人的接觸，他們又重新體驗到小時候與父母相處的經驗。

因此，就算不必著急，他們也會非常焦急。

現實世界中與他們實際相處的人說可以等，別人願意且有能力等，但他們內心卻還是會感到焦急。因為他們實際上在當下並非與眼前的人交流著，而是在內心重現小時候與父母的相處經驗。

就這層意義來講，完美成癮症患者的經驗是極為有限的。他們永遠活在兒時與父母的關係中。儘管表面上與很多人進行互動，本質上仍舊是兒時不幸的親子體驗。

累了不休息，繼續工作、繼續做健身訓練的完美成癮症患者，被困在不幸的親子體驗中。完美成癮症患者無法忍受不完美，一旦不完美，他們就會感到不安。他們對於不完美會產生罪惡感。陷入我執的父母要求他們完美，這就是他們在心理上受到父母束縛的證據。

完美成癮症患者在心理上還是幼兒。他們經歷社會化、身體發育成熟了，但即使長大成人，依舊無法對我執強烈的父母完成心理性斷乳（Psychological weaning）。

人類只能當人類。人類有人類的自然法則要遵循。我們的自然法則不同於其他動物的自然法則，即便是神也不是完美的。

若你值得期待，別人就會願意「等待」

人類不必對不完美感到罪惡。然而，完美成癮症患者不允許自己不完美。那是因為我執的父母不允許不完美的他們，也就是不允許他們順應內心的天性。因為父母不等待孩子自然成長，催促著他們。

罹患完美成癮症的人，應該要自覺到父母不願意等待自己是一場悲劇。光是察覺到這一點，就不知道能讓他們從焦急的情緒中解脫多少。這種人最好也記住，有很多情緒成熟的人「願意等待」。

你的父母不願等待你，並不代表所有人都不能等待你。完美成癮症患者應該找到願意等待自己的人。當你覺得累，可以等你休息、充電完畢的人；當你生病，可以等你痊癒的人，請與這種人來往。了解當下無法等待的是自己而不是別人，也相當重要。

即使明白這世界上有情緒成熟的人能夠等待別人的不完美，他們還是會覺得不安。小時候父母不願等待他們的人，對於別人的等待無法安心。

即使沒有被催促，這種人內心也會覺得焦急。這種時候，請持續對自己說，自己現在是在重新體驗小時候不幸的親子關係，而不是體驗當下的現實。

站在你眼前的人並沒有要你「快一點」，而是你心裡錄下小時候父母所說的「快點」，並重新播放。但是，請不要被錄下來的聲音束縛住。

這個世界上有人高興等待，也有人討厭等待。

但是，遠離現實的人不面對現實，只不斷播放心中錄下來的聲音和畫面。

就像有些人明明很受他人喜愛，卻不這麼覺得；也有人是別人願意等待他，他卻無法安心接受他人等待。這些人都是遠離現實的人。

當別人相信他，他卻覺得別人是在懷疑，而想要提出各種證據。這種人是被疑心病重的父母養育長大的。

別人相信他，他卻覺得別人有所懷疑而想提出證據的人，也是遠離現實的人。他們並非與眼前的人交流，而是重新體驗著兒時的不幸親子關係。

實際與人接觸時，應該可以感覺得到別人是相信自己的，但他並沒有看著眼前的人。他不理解眼前的人，並在心裡播放過去的畫面。

他們對內心播放的影像產生反應，同時也對眼前的人有所反應。若對在心裡播放的影像有所反應，當然就會想證明自己說的是真的。然而，如果與眼前的人交心，就沒必要證明自己講的是實話。

已經獲得原諒卻一直找藉口的人也一樣。眼前的人已經原諒自己的不完美。對方原諒自己的各種失誤。有些人實際上已經得到對方的原諒，卻仍拚命找藉口。這種人不了解現實中眼前的人，也不想了解。

這種人只會在心裡播放過去不幸的親子關係。他們對過去的畫面有所反應。他們看著不幸親子關係的重播畫面，便覺得失敗就會被責怪。不，沒有失敗也會遭到責備。無法接受孩子天性的父母，永遠都在責怪小孩。小孩對自己的存在感到罪惡，必須一直找藉口搪塞父母，或者不能展現出真正的自己。

一旦面臨挫折，就必須找藉口。若無法達成父母的期待，就會產生很深的罪惡感。

但是，若與現實中眼前的人實際相處過，就會發現就算失敗也不必找藉口。因為對方並沒有在責怪自己。他們無法感受到對方沒有在責怪自己，是因為他們沒有與眼前的人交流，而是對內心重播的畫面有所反應。

「煩惱」與一個人如何看待過去發生的事有關。煩惱的核心在於過去。

假設一個人在權威主義父母的養育下成長。這個人即使表面順從，也會藏著敵意。而且，會把自己的行為合理化為孝順的行為。被驅逐到潛意識中的憤怒，透過當下的事件表現出來。然而，他會認為他是在煩惱當下的事。

眼前煩惱的核心，是過去在心理上未獲得解決的問題所變裝而來的。因此不可能輕易就能解決煩惱。

什麼是「心理上未獲得解決的問題」？意思是把心中的矛盾蓋上蓋子，不去解決內心的糾結。

例如，態度強硬的人都有未解決的心理問題。

被喜歡的女性甩了，就說人家是「那種女人」。心裡卻戀戀不捨。

不安的人有著很多未解決的心理問題。

解決心理課題意味著能「面對現實」。

解決各時期心理課題的人與心理上有未解決問題的人，即使經歷相同體驗，也會產生完全迥異的解釋和感受。

精神科醫師亞倫・貝克（Aaron Beck）指出，「憂鬱症患者」與「非憂鬱症患者」不是經歷不同的體驗，而是對體驗有不同的解釋。

在心理上有未解決問題的人，沒有負起對過去的「責任」。幾乎所有有煩惱的人，都不是在煩惱當下的事。

很少人因為工作失敗而自殺。是過去心理上未獲得解決的問題，導致我們將眼前工作上的失敗看得太嚴重。

「怎麼會這麼痛苦！」

由於混淆了煩惱的真正原因，所以煩惱和痛苦永遠不會消失。

過去未解決的問題，使得現在工作上的失敗以痛苦之姿出現。若不能以這種角度看待，一輩子都會陷入無意義的煩惱和痛苦中。

正確理解煩惱和痛苦，可以使人的心理成熟。

眼下煩惱的嚴重程度與未解決的心理問題成正比。

精神科醫師貝蘭・沃爾夫（Béran Wolfe）所說的：「煩惱不是昨天發生的事。」正是對人類心理有相當理解的名言。

有人的身體會因為壓力而感到不適。有人經歷相同的事，卻不受影響。身體感到不適的人無意識地將累積下來的憤怒，反應在當下的事件上。

有人一遇到不順心的事就馬上不高興、覺得受傷、焦慮、沮喪。因為枝節末葉而失敗，但是卻不能接受失敗，因此衍生出未解決的心理問題，並且影響當事人之後的體驗。

煩惱的人不是對當下反應，而是他過去未解的心理問題，對當下的事情做出反應。

也就是說，精神官能症傾向強烈的人，尤其是敏感型性格的人，並非活在當下。

允許自己「從容不迫」「剛剛好就好」以及「不完美」

有個名詞叫做「期待焦慮」。有的人會害怕無法符合他人的期待。期待焦慮是指因某個問題失敗後，害怕自己重蹈覆轍。一旦有過在大眾面前結結巴巴的經驗，下次又站在眾人面前時，還沒上台就開始擔心自己又會結巴。

這種人小時候因為無法達成父母的期待而被責罵。他們不斷累積這樣的體驗，永遠擔心無法符合父母的期待。

長大後，現實生活中的對方對你沒有任何期待，或者不會因為無法符合他的期待而責怪你。但是，這種人還是擔心會被眼前的對方責備。

現實生活中的人並沒有在責怪你。他不會因為期待落空而責備你。既然如此，應該要感到安心，但這種人卻無法安心。無法安心的人，並不是與眼前的人交流著，而是在重播內心的影像，並且對重播的影像做出反應。他們對內心重播影像所做出的反應就是「不安」。

很多人沒有面對現實，只對內心不幸親子關係的畫面產生反應。這世界上充滿著表現得活在現實中，卻完全對現實沒有反應的人。

面對現實是心靈健康的指標。有些人活到八十歲，卻完全沒有接觸過現實。當然，這種人也沒有面對過真正的自己。

很多人活到八十歲，內心只與父母建立起關係。

不，應該說這種人多到不可思議。當然，他們也會去上班、與左鄰右舍閒話家常、到餐廳吃飯。然而，就像我前面提到的，他們只對內心的畫面有反應。

有人肯相信自己、喜歡自己、不催促、不責備、願意等待、耐心等候、不焦慮地等待，完美成癮症患者卻感受不到，並焦躁不安。這是因為完美成癮症患者缺乏與現實的接觸。

完美成癮症患者逃向「完美」。就像酒精成癮症患者藉酒精逃避一樣，完美成癮症患者因受不了現實而逃向「完美」。

完美成癮症患者總是在替不完美的自己找藉口，一心只想著如何合理化現實中那個難以接納的自己。因此，他們沒有餘裕去理解自己所面對的現實。

完美成癮症患者忘了自己是有血有肉的人。他們沒有接觸到身邊的現實，也沒有正視自己內心鮮明的情感。

「追求完美」無法滿足空虛感

《完美成癮症》的作者瑪麗恩・伍德曼表示，酒精成癮症患者、麻醉藥成癮者、暴食症患者，在心理上與完美成癮症患者有共通之處。

完美成癮症患者，以大家熟悉的語彙來講則是完美主義者，他們或許認為自己是與毒癮者或暴食症患者截然不同的優異者。然而，心靈荒蕪是他們與這些人的共通之處。

若能察覺這一點，也是使他們戒掉完美成癮症的出發點。若明白自己再累也停不下工作、疲倦了也照樣想鍛鍊身體，被想要變得更完美的不安催趕著，是因為自己與毒癮者一樣，內心有著荒蕪空虛的一面，應該會感到驚詫吧。如此一來，就會認真想要戒掉「完美」。

暴食症患者狼吞虎嚥，與完美成癮症患者吞食「完美」是一樣的。

兩者的心靈都是空虛的。只不過他們心靈空虛時，逃向不同地方而已。他們要做的，是勇敢找出導致自己心靈空虛的原因。

在疲倦發燒的狀態下，還是想要運動健身的人，與即使飽了仍然吃個不停的暴食症患者是一樣的。完美成癮症患者的「完美」絕對不美，而是骯髒的。完美成癮症患者出於優越感而區別自己與毒癮者。

飽了還想繼續吃，是因為心靈飢渴，用食物來填補心靈的空虛。

同樣道理，累了、病了還是要運動健身，也是因為心靈飢渴。

吃和強迫運動，都是填補心靈空虛的手段。然而，這樣的努力無論做再多，都無法填補心靈的空虛，只會愈來愈空虛而已。

恢復「心靈平衡」的方法

想要填補內心的空虛，只能改變生活方式，也就是澈底改掉目的導向的生活方式。若維持只期待成果、在意完成某件事的生活方式，就填補不了內心的空虛。

因為這種生活方式太傾向於目的導向。達成目的並非不好，但失去平衡可就不是一件好事。極端的目的導向會令人犧牲一切去取得成功。

若一個人可以取得平衡，在為了成功而努力的同時，也懂得與朋友開心聚餐，就不會罹患暴食症或完美成癮症。為了成功而犧牲與朋友開心聚會的時間，這種生活方式是錯的。

這種生活方式沒有算對成功的成本。為了賺到一百萬日圓而花掉一千萬日圓，仍然虧損了九百萬日圓。

成功當然好。然而，這樣卻誤判了要付出多少代價才能達到成功的目的。當然，本人認為成功是有價值的。

為什麼他們把成功的價值看得這麼高？因為他們是孤獨的。因為他們的內心深處與他人缺乏連結。因為他們的人生只有兒時父母的期待與交流互動。因為他們只對這些經驗的重播畫面有反應。更重要的是，他們不容許自己流露自然的情感。他們不允許自己擁有人類天生不完美的那一面，所以變成完美成癮症。

最後，他們感到心靈空虛。因此，他們必須先接受被自己排斥的那個自然的自己，才能感覺心靈滿足。那麼，該怎麼做才能接納自然的自己？

無法接受自然的自己，是因為這個自己不被父母接納。由於父母不接納，所以對自然的自己帶有罪惡感。因此，若想做回自然的自己，就要對不接受自己真正樣貌的父母，實現心理性斷乳。

然而，你現在並無法立刻實現對父母的心理性斷乳。對於現在的你來講，父母是你心理上的基礎。實現對父母的心理性斷乳，令你害怕自己掉入黑洞中。現在的你對父母仍然有著心理上的依附。即使嘴巴上說要心理性斷乳，實際上還是做不到。

儘管不放過自己，以完美成癮症患者的方式活下去很痛苦，但起碼不必恐懼掉入無底深淵。因此，這種人做不到心理性斷乳。被束縛住的孩子，即使面對的是我執強烈、不能接受孩子自然成長的父母，仍然會感到害怕而無法放下。那到底該怎麼辦呢？我前面所寫的內容就是解答。

除了完美成癮症患者，有心病的人都沒有接觸到現實。他們不是看著眼前的人。他們不了解身邊的人在想什麼，也不想理解。他們只是不斷在心裡播放過去的影像，並對此做出反應。

你身邊的人或許與我執強烈的父母不一樣，願意耐心等候自然的你。也或許不是這樣。但是，這世界上有很多人不會因為等待就感到不安、不滿或焦躁。

在這個世界上，有人可以接受自然的你，但由於你只顧著內心重播的畫面，所以無法理解旁人。或許你出生後遇見過一千個人，然而，你並不了解別人的心。孤零零的你沒有觸碰到別人的現實，你只是透過那一千個人，不斷體驗不幸的親子關係。

因此，即使你成人了，依舊是完美成癮患者。別人沒有逼你，是你逼著自己。你沒有與現實中的對方交流。明明就有人不會逼你，你卻沒有與這些人互動過。

你應該仔細觀察自己所面對的人。你應該去理解自己所面對的人的內心。你應該去了解對方是否對自己有所求。

俗語說：「對牛彈琴。」人也常常做這種事。別人沒有要求，有些人卻急於付出。別人對實際上的自己相當滿意，有些人卻自以為別人不滿意而感到焦慮。

因此，要實現心理性斷乳，就要觀察你所遇見的人。想要填補心靈的空虛，靠的不是成功或暴飲暴食，而是觀察身邊的人。努力了解身邊的人究竟是怎樣的人，就能填補心靈的空虛。

能夠享受「失敗」的人

即使很懊悔失敗或損失，也不能將之轉變為成功。有些人明白這一點，所以可以馬上忘掉，有些人卻一直放在心上。

長時間困在不愉快情緒中的人，應該去思考，有什麼事是自己這種個性可以做得到的。避免因為困在不愉快的情緒中而斷送自己的人生。這一點非常重要。儘管如此，若你還是陷入懊悔的情緒中，那麼請先承認自己的個性就是這樣。然後再去思考這種個性，或是可以利用這種個性去做什麼。

這種個性的人不適合當運動員或政治家。

某次我與擔任青年會議所會長的企業家打高爾夫。他說：「高爾夫的意義在於感謝。」

我問他什麼意思，他說即使失誤了，也要感謝沒有出現更嚴重的失誤。例如，沒打到球的時候，要心想：「啊，還好沒出界！」並謝謝自己沒打到球。

把球打出界該怎麼辦？感謝自己以前從未打出界的同時，想著出界也是高爾夫的一部分，並藉由這次的出界來消災解難。只要想自己把所有的壞運都用光了就好。

成績好的時候把球打出界，真是會很令人不甘心，而且有可能因為大受打擊而失分。即使是專業高爾夫球手，也有難以忍受出界球的選手和可以忍受出界球的選手。

球出界後，因大受打擊而失分的原因，心理問題大於技術問題，而且這個問題比技術問題嚴重得多。難以忍受失敗、無法接受輸的感覺，與一個人的本質有關，而不是技術高低的問題。

反過來講，高爾夫選手中也有可以忍受出界的選手。任何人打高爾夫球，都曾經出界過。把球打出界時，不會抱著頭懊悔地喊叫「啊」，而能繼續打出理想成績的選手，才配稱得上職業選手這個稱號。

這麼看來，曾活躍於美國職業高爾夫球壇的傑克・尼克勞斯（Jack Nicklaus）真的非常厲害。他曾說：「我不去想昨天發生的事和上一顆球打的如何，或者明天的事和下一球會打得如何，我在當下這一瞬間必須做的，是盡全力集中精神。」（*Golf My Way*）

若能向尼克勞斯學習，即使失敗了，也不會感到不甘心、哀怨「搞砸了」而打出難看的成績。

若出界是高爾夫的一環，那麼損失也是成功的一環，可將之視為邁向頂尖必經的試煉。抱頭哀嘆，賠掉的錢也回不來、前幾局的成績也不會變好。

我在前面提過的青年企業家，在幾次政治選舉中落選後，終於當選眾議院議員。落選也是選舉的過程之一，而他落選後，仍然繼續努力。

敏感型性格者可以從這種政治家和運動選手身上學到很多。

你們應該盡量與這種人來往。與不同個性、不同職業的人交往，你就會更了解自己。因為，你會發現雖然你們有一樣的體驗，但對方的反應和感受卻和自己天差地別。即使是一樣令人不愉快的體驗，對方很快就忘了，你卻惦記很久。

如此，你可以更認識自己。認識自己是漫長人生路上很貴重的體驗。因為即使是非常不愉快的體驗，這些不愉快的體驗都會變成鏡子，反射出自己的樣貌。

為什麼學者或藝術家這類通常是單獨工作的人當中，有很多人不認識自己？因為他們與別人經歷相同體驗的機會，比其他職業的人少，所以不知道自己與他人的反應和感受不同。

認為自己是敏感型性格的人，請試著與不把人生想得太難的人交往。你一定會有所領悟。

現在的我相信，若想掙脫自己的殼，這就是最好的方法。

第五章

令人「由衷感謝」的人生

——打造「幸福」與「安穩」的自我肯定感

1 關鍵在於你如何活在「現在、這裡」

我年輕時曾主辦過「新人會」。有一次辦了個活動，那次聚會只有十個人參加，討論《理想與使命》這本公司刊物的編輯並檢討。

當時，其中一位參加人員是外國人，叫做艾尼布德，他突然問大家：「你們現在有感謝的人事物嗎？」大概是因為我們的討論感覺像是在為自己找藉口，所以他才有這種反應吧。由於問題來的太突然，在大家驚愕之餘，他突然起身並跳起來。

他說：「我可以站和跳。」正當大家驚訝看著他，他又大聲開口了。由於他突然這麼大聲，大家都嚇呆了。

「我可以發出這麼大的聲音，也可以好好聽大家說話。」

他對這些事心存「感謝」。我們也必須對相同的事情心存感謝。然而，光是感謝不會有任何變化。

我們必須用這雙手、這雙耳朵以及這副聲音做些什麼。這雙手、這雙眼與當下的世界連結著。我沒有在說大話。是否使用這雙手、這雙耳朵、這個身體，會影響到我們本身的生存價值以及未來的世界。

我們必須從「忘記自己所擁有的狀態」轉變為「感謝自己所有的一切」，並且運用自己所擁有的一切去採取行動。他大聲說著諸如此類的話，對著只說不做的夥伴們喊話。

不能放棄自己

我想討論一下艾尼布德所說的感謝一詞。

感謝的心可以加強人與人之間的情誼，這一點相當重要。心懷感恩，會更想認同彼此，也有助心靈的溝通。

「察覺加諸在自己身上的負面暗示，才能展開治療（1）。」我在前面引用過西伯里的這句話。

西伯里的這句話可以改寫成：「擁有感恩的心，才能展開治療。」感謝能夠擊退「加諸在自己身上的負面暗示」。只要被「加諸在自己身上的負面暗示」所束縛，就無法產生感謝的心。

只要被負面暗示所束縛，我們就會感到不安，害怕別人討厭自己、擔心被社會拒絕、害怕得不到肯定。

我們會因為不安而變得有攻擊性、尋求協助。這就是攻擊性不安。而「感謝的心」可以解決這些問題。我們只為了得到稱讚而活，卻忘了讚美別人。

敏感型性格的人該怎麼做，才能改變自己、擺脫不甘心的心理，啟動充實的人生？

關鍵字就是心存感恩。充實的人生少不了感恩的心。

為什麼必須要有感恩的心？因為這種心情會令人希望一切美好。

放棄人生的人，憎恨人類。明明自己過得好好的，卻對所有人感到不滿。感恩的心會加深人際關係的情誼，憎恨卻會破壞人際關係。一個能與朋友交心的人，是內心祥和的人。永遠處於憤怒狀態的人沒有朋友。讓人可以交到朋友的心理狀態，會為你招喚幸運。被大家嫌棄「不想跟他來往」的人，是不會有好運降臨的。

一輩子壓抑著不甘心情緒的人讀到本書最後，看到「少不了感恩的心」這一段話，應該會很想把這本書砸到地上燒毀。

你或許也會發誓再也不碰這類書籍。

敏感型性格者的人生就是這麼不甘心。沒有人知道他們為了「拔掉喉嚨上的魚刺」有多麼辛苦。敏感型性格的人想要平靜。他們失眠，並羨慕可以熟睡的人。他們怨恨欺騙自己的人。他們帶著不被理解的痛苦，凝視著黑暗。

因此，他們受不了「少不了感恩的心」這句話。他們一定覺得，這句話是沒有嘗過「不甘心」滋味的人才會說的話。他們可以容忍其他事，唯獨這句話不行。然而，為了擁有充實的人生，就必須通過烈火狂燒的地獄。

一輩子活在不甘心裡的人想要的，是有人能了解這種沒人理解的「不甘心心情」。

「少不了感恩的心」這句話，非但沒有讓他們覺得被理解，反而傷害了他們的感受。這句話對於活在不甘心裡的人而言，並不是救贖，而是將他們推入地獄。

活在不甘心裡的人，對身邊的人所抱有的情感，恰好是與「感謝」相反的「復仇」。「殺了那個人再多次都不嫌多」，他們所抱持的是這種強烈的復仇心。

他們小時候在強大壓力下，改變了自己的神經迴路，因而想殺了那些報不了仇的人。「殺了任何人都好」的情緒，或許是在聽到「少不了感恩的心」這句話時，所嘗到的「孤獨與恐懼」的情緒。

這句話就像是在對不甘心的人心靈傷口上撒鹽。他們認為，只有不知道自己過得多麼悲慘的人們，才會說出「少不了感恩的心」這種話。他們會對說出這種話的人產生殺意，一點都不奇怪。

你可以讀完本書，然後丟到地上燒掉。但是，在你燒掉這本書之前，我希望你能想一想，精神官能症傾向強烈的人與人生充實的人之間，他們的情緒有何不同。

想一想之後，你一定可以發現他們的差異在於，一方是「懂得感恩的人」，另一方是「不知感恩的人」。

就像我剛剛提到治療時所說過的，「懂得感恩的人」擁有自我肯定感，「不知感恩的人」則沒有自我肯定感。

若誤會了「某個人是可以拯救自己的人？」「某本書可以救自己？」將會讓人生變悲慘。人們會把傷害自己的人當作好人，並且怨恨關心自己的人。

某位高齡者在死前思考了一個問題。他問自己：「為什麼我會活得如此苦悶？」他寫出下面這個原因。

「對自己百般照顧的人態度最惡劣。

討好自己的人才是壞人。

反過來，我把從不傷害自己的人當作敵人。

我嘲弄那些替自己著想的人。

會罵我『真不像話！』的人，其實才是保護自己的人。」

但當他頓悟這一點，已經為時已晚。他寫下「已經回不去了」。

我在這裡並不是要你「跟聖人一樣」，「感謝所有的人」或「感謝欺騙你的人」。

你現在眼睛看得見。你是否把此視為理所當然？我只是想告訴你，不要把這些事當作理所當然。要求別人感謝自己的人是不幸的，心懷感恩的人是幸福的。

敏感型性格的人不知不覺會對外尋求平靜。即使他們存錢、買森林別墅、到別墅度假，也無法平靜下來。只要心境轉變，平靜就永遠「在」我們身邊。

正在看這本書的人，大多視力沒問題吧。然而，你是否將看得見視為理所當然的呢？有些看不見的讀者，會聽我的有聲書。人只有在失去時，才知道可貴。

愛情飢餓感強烈的人，即使渴望愛並得到愛，也不會幸福。因為他們對愛的需求是「無窮無盡的」。被動的成年人，即使被愛也不會感到幸福。然而，擁有愛人的能力，就可以得到幸福。

渴望愛得不到幸福，付出愛卻可以變幸福。

追求健康、財富或成功前，應該感謝自己現在所擁有的，不要把這些東西當作應得的。

人若是因為欲求不滿而得到自己想要的東西，是不會幸福的。

恰好相反。從別人手中得到自己想要的東西，不會感到幸福。改變「無窮無盡」的渴望，才會受到祝福。

認為自己的人生有意義的人，是心靈成熟的人。

我們不能把自己所擁有的視為理所當然。你現在之所以會對欺騙自己的人感到憤怒，其中隱含的意義或許是「以後請及早注意到這種事」。

這是在告訴你，請感謝自己身邊誠實的人們。

現在所擁有的東西，包括健康等各種事物。

我們必須轉換心情，不要把這些東西視為自己應得的。

渴望得到異性寵愛的人，即使身體健康也不會感到幸福。敏感型性格的人，會一直為敏感型性格所困。生病後，才懂得健康的可貴，並感謝自己的人生。倒楣絕對不只是倒楣。倒楣可以讓當事人明白一些事。失去感恩的心並有所渴求，人是不會幸福的。

2 如何天天發現「小樂園」？

因為有晴天和雨天，所以才知道晴天的美好。但精神官能症患者感受不到，他們在大晴天也感到痛苦。

精神官能症患者感受不到小確幸。通常只有中了一億日圓樂透，他們才會快樂。這是精神官能性的渴望。然而，這種人即便得到想要的東西，依然過得很痛苦。

精神官能症患者最會把痛苦的感受歸咎在對方身上。然而，就算責怪對方，人生的問題也不會消失。他們在「人生應該活得簡單一點的想法」出現時，就已經感到疲憊。

因為他們害怕被討厭，消耗太多精力逞強。

很遺憾的是，人類通常在失去後才會懂得珍惜。有人對日日夜夜煩惱的人說：「你背負太多東西了。」但是，煩惱的人無法理解這句話的意思。

這個人看到他憂心忡忡的樣子，又跟他說「你太貪心了」。但是，煩惱的人一樣無法理解這句話的意思。

對一個沒有生病的人說：「你要懂得健康的可貴。」這是白費唇舌。他們是不會明白的。當然，或許他們心裡明白。然而，他們在日常生活中卻不會對健康心存感恩。

搭上擠滿人的電車通勤時，也不會產生感謝的心情。但能搭上電車這件事本身已經很了不起。當你孤零零的且無法自由走動，就能深刻理解搭電車的可貴。

想像自己是無法自由走動的人，就能明白可以搭上人擠人的電車有多了不起。然而，搭上擁擠電車通勤的人，無法理解這一點。

有位照顧病患的醫師告訴我下面這件事。

大家都聽過，但未到關鍵時刻沒有人可以一〇〇％理解的就是──「健康的可貴」。

我的伯父患有酒精成癮症。他四肢健全、身體健康，很愛喝酒。由於得不到認同、心生怨懟，夜夜喝酒。他應該有很強烈的愛情飢餓感。

有天晚上，伯父酒醉失足，在新橋站的月台摔落。很倒楣的是，電車剛好駛進月台，讓他失去了雙腿。

他失去雙腿後，才察覺原來自己所有擁有的是那麼豐足。「我還有手」，他開始拿起畫筆。我的伯父因為失去雙腿而變得幸福。他發現了自己所擁有的一切。在失去行動自由前，他無法理解雙手能自由活動是多麼美好的一件事。

許多人明白健康的可貴後，便能感到幸福。

為內心煩惱所困的人，忽略了肉體的痛苦。

他們忘了珍惜健康的身體。

「患者愈能清楚意識到某件事物能賦予自己的生命意義與價值，他本身的人格就會進步，同時，他個人的苦境也會退到體驗的背後（2）。」

反過來講，若無法察覺「賦予自己的生命意義與價值」的事物，就會困在眼前的痛苦經驗中。

「真正讓我們害怕、變膽小的並不是困難本身，而是由此衍生出來的各種想像（中略）。

一旦發展出這種思考模式，就無法跳脫出來（3）。」

「我們陷入別人走過的軌跡裡，因無法遵從別人的想法而痛苦（4）。」

有的人罹患癌症後，「才發覺罹癌前的自己有多麼幸福」。然而，很少人會在罹癌前，就明白沒有罹癌的自己是幸福的。罹癌後經歷了各種痛苦，才發現不必受這些痛苦的自己是幸福的。

那麼該怎麼做？

即使罹患癌症，你還是擁有很多東西。去體會這件事。你可以靈活運用雙手。然而，人們沒有體會到雙手自由活動的幸福，沒有察覺生活的便利性。

因此，去一一體會罹癌後自己現在所擁有的一切，並「感謝這一切」。去留意自己所「擁有」的，而非「失去」的。

就算對憂鬱症患者說：「看得見是生活中一件可貴的事。」他還是難以體會。

有一位前列腺癌的患者接受了手術。手術雖然成功，卻留下漏尿的後遺症。因此，儘管手術成功，他還是非常沮喪。後來他的朋友告訴他自己動了相同手術的結果。他的朋友術後出現排尿困難的問題。他的這位朋友知道他有漏尿問題後跟他說：「真是太好了！」替他感到開心。

那個時候，他才發現自己是幸福的。他察覺到自己很傲慢，把身邊發生的一切都視作了理所當然。

克服「不甘心」，擁有柔軟的生活態度

有的人被卑劣的人欺騙後，會不甘心到失眠。然而有一天，失眠症卻突然好了。因為對自己的人際關係開始心存感恩。因為開始感謝自己能夠認識善良的人們、感謝待在自己身邊的人。

在安穩的生活中，即使有人告訴你「你的朋友是好人」，你也不會產生深切的感謝之情。然而，若是慘遭欺騙的人，就會開始心懷感謝。人被騙時會心有不甘。這時若能由衷感謝「朋

友是好人」這件事，就能活出充實的人生。

沒有失去就不懂得感謝自己所「擁有的」。這種人是迷失自我的人。

還有另一個人，也因為不甘心被卑鄙的人欺騙而失眠。等他老了，失眠症忽然不藥而癒。他過了八十歲後，開始意識到死亡。

有一天，他回顧自己的人生，發現自己的人生裡有「讓我幸福和讓我不幸」兩種人。很遺憾的是，「讓我不幸」的人比較多。「欺騙我的人」比較多。

但是，當時他突然覺得「如果自己像那種人一樣，過著欺騙別人的人生，在死前一定會對自己的人生感到後悔」。於是他想：「啊，自己的人生沒有活得如此卑劣真是謝天謝地！」然後，他在去世前，開始感謝自己是受騙者。他在死之前，發現自己得以從對自己的人生感到後悔這個最大的痛苦中解脫。

人原本就各自背負著艱苦的宿命。承受苦難，才能克服宿命。

精神官能症患者卻逆其道而行。他們奮力逃避苦難。因此「不幸」從未停過。

他們的努力是無意義的。

在行動不自由時渴望優越感，這是無效的努力。

而且，他們對此的闡釋是，如果行動自由就不用受苦。這種闡釋是自我懲罰。

行動自由，照樣會有痛苦。

想逃避痛苦，會陷入更大的痛苦中。會使人落入這種情況的，就是包括酒精成癮症在內的各種成癮症。我們可以理解會因為不甘心而心生報復。但是，想從不甘心的痛苦中解脫，靠的不是報復心，而是與之相反的感恩的心。

那麼，為什麼人不會感謝看似理所當然的事物？懂得感謝理所當然之物的人，與不懂得感謝的人之間的差異從何而來？

差異來自於一個人是否有活出自我。

戴著別人面具過活的人、把別人看得太重要的人、將人生重心放在他人身上的人、努力討好別人的人，這些人無法從理所當然的事物中感受到生命的意義。

我翻譯過多本日本三笠書房出版的西伯里著作。因為我認為這些書可以讓現代人體會生命的意義，尤其是讓日本人感受到幸福。

「相信你有做自己的權利，只要設定好目標、意圖明確，人生就不會因為憂慮而烏雲罩頂。人生裡不會有違反你原本天性的義務。只是你主觀認定有而已（5）。」差別在於你能否做到西伯里所說的這句話。

若無法做到，就會對理所當然的事習以為常而感覺不到幸福，一生活在不滿的痛苦中。

「他竟敢狠狠地騙了我」，有些人忘不了騙自己的人，人生充滿不甘心。

相較於此，也有人心存感恩地想：「雖然我被那麼多人騙了，但相反地，也有人真心愛我。」這種人就是能做自己的人。

西伯里說：「若不能做自己，那不如成為惡魔（6）。」若不能做自己，就會因為不甘心而變得枯槁憔悴。對其他事物也不會心存感恩。感受不到生存的意義。

無法做自己的人，內心深處藏著敵意。因為他自己背叛了自己。

杜克大學（Duke University）心理學家約翰・貝爾夫（John Barefoot），一九五〇年代就讀北卡羅來納州立大學（North Carolina State University）醫學系和法律系時，便針對接受MMPI*心理測驗的醫師和律師進行研究。

「從二十五年的追蹤期間，可發現敵意分數較高的醫師，罹患冠狀動脈疾病的機率，比分數低的醫師高出四或五倍。

不僅如此，二十五歲時敵意分數較高的人當中，活不到五十歲的醫師有十四%、律師為二十%。與此數據對照，分數較低的人當中，活不到五十歲的醫師只有二%、律師為四%。

針對律師進一步研究後，發現敵意傾向與未來死亡率的相關性更明顯。

這些傾向包括不信任一般人、經常生氣、外顯的攻擊性態度三種態度（7）。」

敵意在所有死因裡，都顯示出引發死亡的高危險性。

人類的偉業可分為社會性偉業和心理性偉業。奉獻社會的人確實很偉大，但是克服不甘心、心存感恩的人，則是成就了人生的偉業。

*註：明尼蘇達多項人格測驗（Minnesota Multiphasic Personality Inventory）的簡稱，該測驗的主要目的是在測量受試者個人和社會適應有關的人格特質。

結語——你的情緒可以轉換為前進的力量

世界上有很多人被嚴重誤解。典型之一就是本書所提到的敏感型性格者。他們表面上看起來溫和，所以別人會認為他們是溫和的人。他們身邊的人絕對想不到，表面上看起來溫和的人，內心忍受著不甘心的情緒。

他們一直忍、一直忍。雖然他們在不知不覺中變成乖順的人，但他們充滿了「不甘心」。

我在第三章中談到，每個人對同一件事的解釋都不一樣。因此，即使你充滿期待地做一件事，但通常身邊的人難以跟你有一樣的期待。每個人對同一件事的解釋天壤地別，只要行動時記住這一點，就不會覺得期待落空。

我還記得我寫完《你的溫柔要有底線：丟開愧疚感，愛自己的練習》（世茂出版）後，感覺鬆了一口氣。說極端一點，就這樣安然死去也無妨。寫完這本書時，我也有相同的心境。

日本人常說：「過去的就讓他過去。」這是因為我們很難輕易忘記發生過的事。至於為什麼難以忘記？是因為行動力不足且執念太深。所謂「執念深」是指內心有東西阻礙行動。

就像克雷奇默所說的，「傳導能力」也是行動能力。順從自己的真實敵意，採取行動打倒自己的敵人，這種人永遠不會產生很深的執念和怨恨。

然而，有敵意卻無法付諸行動、默不吭聲的人，會永遠心懷怨恨。因為他們想行動，卻又嫌採取行動麻煩。敵意在心裡燃燒，付諸行動的最後一刻，內心的東西卻開始阻礙行動。這絕對不是因為敵意減弱了。他們內心憎恨的火焰，比付諸行動的人燒得更烈。

可是，他們害怕透過行動表現出來。恐懼和憎恨在心裡形成矛盾。他們害怕行動。他們內心深處恐懼行動。他們害怕在潛意識層面採取行動。

本書的讀者，最好能察覺自己害怕在潛意識層面採取行動，永遠只會怨恨，最後被卑鄙的人輕蔑，導致自己活得很不甘心。

不能順從憎恨採取行動，是因為覺得自己太軟弱。任憑自己傷得比別人重，抱著深深的怨恨，卻害怕採取行動，害怕用行動表現出來以消弭憎恨。他們只是默默地任憑心中怨恨的火焰繼續燃燒，死了之後才變成厲鬼一湧而出。他們只有感情的維持能力高，所以永遠都在憎恨。

他們無法產生行動的念頭。「意志的麻痺」指的就是在緊急時刻，無法採取行動。在緊急時刻，選擇默不吭聲、什麼都不做。嫌採取行動麻煩。在心裡阻止行動發生。他們的憎恨比別人強一倍，但卻不採取行動消除自己的憎恨。

原因之一或許是超我較為突顯。這種時候應該反省自己內心深處根深蒂固的軟弱無力。是什麼阻礙了自己的行動、是什麼成了自己行動的絆腳石，讓這些潛意識中的東西浮現到意識中。別忘了，就像美國心理學家西伯里說的：「將憤怒化為勇氣。」

怨恨會改變一個人。消除你內心的怨恨，就可以改變自己。

若想改變自己，就要驅逐你內心的怨恨。

或許是因為想得到別人的保護，所以無法敵視對方。或許是因為想藉由討好別人來保護自己，所以無法敵視對方。或許是因為想得到所有人的喜歡，甚至想要討好傷害自己的人，所以無法表現出與對方為敵的行為。由於這些因素成為阻饒自己行動的內心障礙，導致你無法有所行動，而被卑鄙的人瞧不起。

執著於討厭的自己。

執著於討厭的那個人。

討厭自己，但希望讓自己看起來光鮮亮麗。

討厭那個人，但希望受到那個人的肯定。

討厭人，卻努力避免別人討厭自己。

所以，在害怕被討厭前，我們應該先找到喜歡自己的人。找到可以接受真正自己的人。只要改變生存之道，即使直接說出自己的想法，也不會被討厭。

你現在不甘心的感受在告訴你：「若不改變人際關係，就只有死路一條。」敏感型性格的人搞錯了努力的方向。

在人生中，人人都握有打開自己命運之窗的鑰匙。然而，這扇窗是有鑰匙孔的。有些人把自己握有的鑰匙插入錯的鑰匙孔，想努力打開門。

俗話說：「好漢不吃眼前虧。」也說「忍氣吞聲」。

但為什麼要對傷害你的人擺出好臉色？對方瞧不起你且傷害你。

對方對你和顏悅色了嗎？沒有。

因為你對他擺出好臉色，所以被他傷害，然後，再自己傷害自己。正因如此，你才會不甘心到晚上失眠。你永遠無法放下。

世界上有些行動力強的人，會嚴正反抗任意傷害自己的人。然而，本書中談到的敏感型性格者卻不會這麼做。不是因為敏感型性格者認為無所謂，所以沒有作為。也不是因為充滿敵意、採取行動去打倒敵人的人，比敏感型性格者還要不甘心。

永遠只會覺得不甘心的人，在產生行動的念頭時，心裡就會有一個沉重的錘子，阻礙自己行動。他們的意識集中在不甘心的情緒和令人感到不甘心的對方身上。他們的意識專注於對傷害自己的人所生的憎恨上，而無法思考其他事情。

他們的不甘心絕對強過嚴正反抗任意傷害自己的人。

然而，他們在產生行動的念頭時，會受到莫名的沉重感所阻饒。他們的念頭和行動結合時，會出現問題。至於問題是什麼，我已經盡力在這本書裡說明，嫌麻煩是問題之一。

一方面沒有幹勁、什麼都不想做；另一方面心理敏感，容易受傷。因此，不甘心的情緒在他們的內心激盪不已。意欲障礙絕對不是沒有感覺，而是雖然有感受，卻無法採取行動將懊悔的情緒一掃而空。

不甘心卻無法有所作為的人，牢牢抓著某個東西。他們害怕失去手中抓住的這個東西。然而，其實他們原本就沒有擁有過。擁有只不過是錯覺罷了。

例如，連對抗侮辱自己的人都不敢，以致於無法有所行動的人，對於被喜歡這件事有著很深的執著。

但這不過是幻想。他們誤以為只要默不吭聲、和顏悅色，別人就會對自己產生好感。無法採取行動的人，放不掉的是「別人的好感」這個幻想。對所有人都和顏悅色的人，並無法得到大家的喜歡，反而相反。幻想得到別人的好感，緊抓住這一點不放的人，是被看輕的人。

所以，不要想太多。

若你仍覺得未來一片黯淡，就想想不管怎樣「還是會有好事發生」，努力讓自己變得正向積極。

改變過去的心靈習慣是一件非常痛苦的事。過去的生活方式難以改變。然而，在抱怨前、在怨恨別人前，請試著改變生活方式。

採取行動也意味著開啟新世界。如此一來，或許不必逞強，就能有所收穫。

最輕鬆的生活方式。就是每天唉聲嘆氣。

但是這樣無濟於事。

不要被過去束縛，並失去未來。

希望本書可以對你有所助益，讓你的人生不會結束在不甘心裡。

參考文獻

第二章

（1）Manes Sperber, Masks of Loneliness（Macmillan Publishing CO., Inc., 1974, p.179）

（2）同上

（3）同上

（4）同上

（5）《「くやしさ」の心理》（三笠書房「知性生活方式文庫」62、63頁）

（6）前掲書63頁

（7）Beran Wolfe, How to Be Happy Though Human（Farrar & Rinehart Incorporated, 1931，周郷博譯《どうしたら幸福になれるか上巻》岩波書店、１９６０年、１８４頁）

（8）前掲書１８３頁

（9）Manes Sperber, Masks of Loneliness（Macmillan Publishing CO., Inc., 1974）

（10）同上，p.180

（11）同上，p.182

（12）同上，p.183

（13）George Weinberg, Self Creation（St. Martins Press, Co., New York, 1978，加藤諦三譯《自己創造の原則》三笠書房、１９７８、２５００頁）

（14）Abraham H Maslow, Motivation & Personality（Harper & Row, 1954，小口忠彥譯《人間性の心理学》產業能率大學出版部、１９７１、２４４頁）

（15）前揭書２４５頁

第三章

（１）Rollo May, The Meaning of Anxiety（W. W. Norton & Company, Inc., 1977, p.40）

（２）吉田正己譯《フロイド選集第六巻「文化論」》日本教文社、１９７０、27頁

（３）David, Seabury, The Art of Selfishness（Simon & Schuster, New York, 1937，加藤諦三譯《自分に負けない生きかた》三笠書房、１９８１、33頁）

（4）Erich Fromm, The Art of Loving（Harper & Publishers, Inc., 1956，懸田克躬譯《愛するということ》紀伊國屋書店、１９５９、84頁）

（5）George Weinberg著／加藤諦三譯《プライアント・アニマル》三笠書房、１９８１、１２１頁

（6）David Seabury, Stop Being Afraid（Science of Mind Publications, Los Angels, 1965，加藤諦三譯《問題は解決できる》三笠書房、１９８４、１５７頁）

第四章

（1）Manes Sperber, Masks of Loneliness（Macmillan Publishing Co., Inc., 1974, p.183）

（2）《「くやしさ」の心理》（三笠書房「知性生活方式文庫」40頁）

（3）Manes Sperber, Masks of Loneliness（Macmillan Publishing Co., Inc., 1974, p.183）

（4）David Seabury, How to Worry Successfully（Blue Ribbon Books, New York, 1936，加藤諦三譯《心の悩みがとれる》三笠書房、１９８３、２００頁）

第五章

（１）David Seabury, Stop Being Afraid（Science of Mind Publications, Los Angels, 1954，加藤諦三譯《問題は解決できる》三笠書房、１９８４、１５７頁）

（２）宮本忠雄譯《フランクル著作集3時代精神の病理学》美篶書房、１９８２、72頁

（３）David Seabury／加藤諦三譯《自分が強くなる生き方》三笠書房、１９９９、98頁

（４）David Seabury, How to Worry Successfully（Blue Ribbon Books, New York, 1936, p.138，《自分が強くなる生き方》１００頁）

（５）David Seabury, How to Worry Successfully（Blue Ribbon Books, New York, 1936，加藤諦三譯《心の悩みがとれる》三笠書房、１９８３、１５４頁）

（６）前掲書１５４頁

（７）Redford B. Williams, Hostility and the Heart, in Mind Body Medicine: How to Use Your Mind for Better Health, eds. by Daniel Goleman & Joel Gurin, Consumer Reports Books, 1993, p.68

國家圖書館出版品預行編目資料

別再假裝當好人很快樂：摘除情緒面具,接納脆弱的自己 / 加藤諦三作；楊毓瑩譯. -- 初版. -- 新北市：世茂出版有限公司, 2021.02
面；　公分. --（銷售顧問金典；112）

ISBN 978-986-5408-41-1（平裝）

1. 自我肯定　2. 自我實現　3. 生活指導

177.2　　109018381

銷售顧問金典 112

別再假裝當好人很快樂：摘除情緒面具，接納脆弱的自己

作　　者／加藤諦三
譯　　者／楊毓瑩
主　　編／楊鈺儀
責任編輯／李雁文
封面設計／走路花工作室
出 版 者／世茂出版有限公司
負 責 人／簡泰雄
地　　址／（231）新北市新店區民生路 19 號 5 樓
電　　話／（02）2218-3277
傳　　真／（02）2218-3239（訂書專線）
劃撥帳號／ 19911841
戶　　名／世茂出版有限公司　單次郵購總金額未滿 500 元（含），請加 60 元掛號費
世茂網站／ www.coolbooks.com.tw
排版製版／辰皓國際出版製作有限公司
印　　刷／傳興彩色印刷有限公司
初版一刷／ 2021 年 2 月

I S B N ／ 978-986-5408-41-1

定　　價／ 320 元

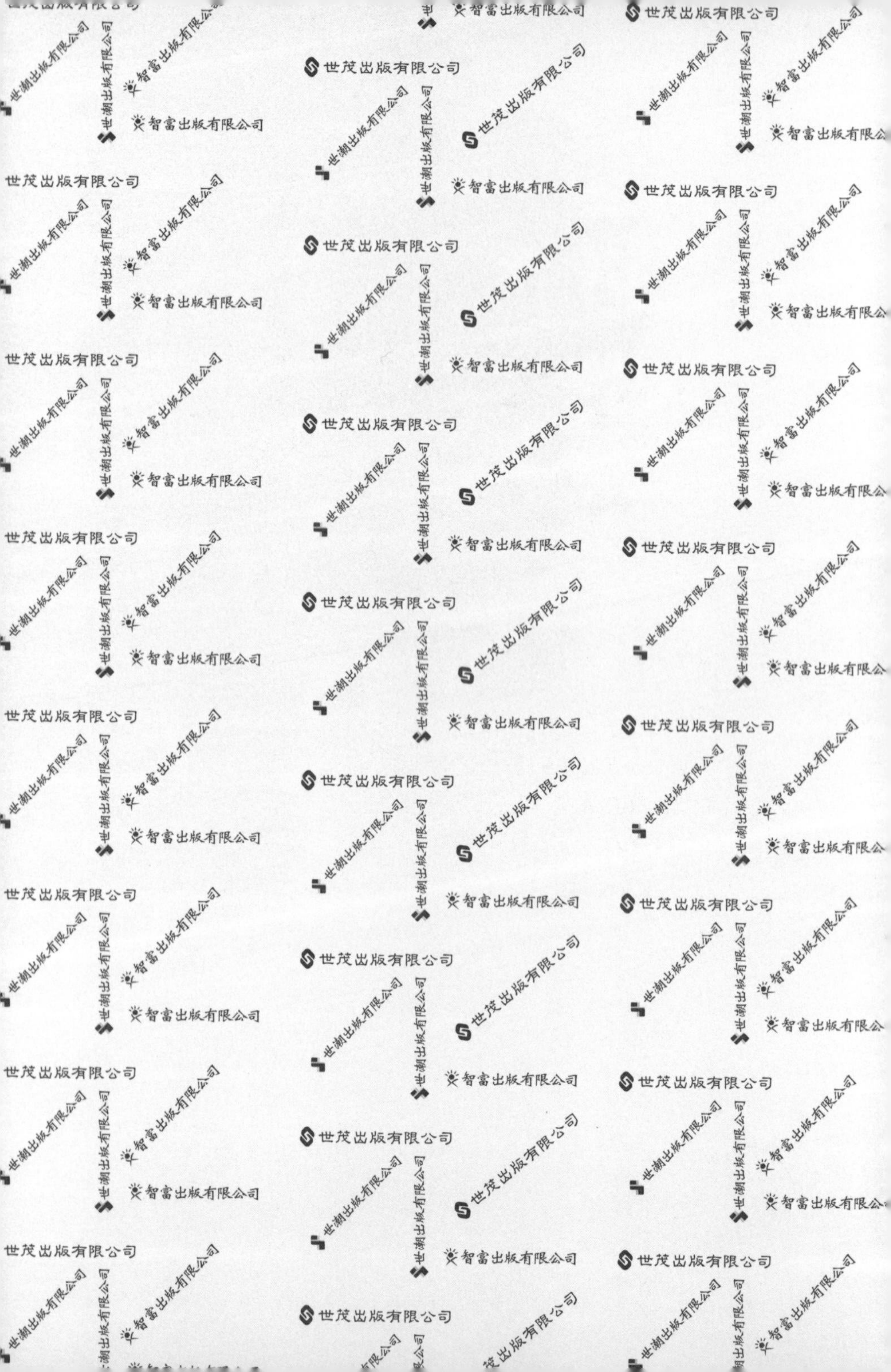